O vento da noite

Obras de Lúcio Cardoso publicadas pela Civilização Brasileira

A luz no subsolo
Contos da ilha e do continente (Organizado por Valéria Lamego)
Crônica da casa assassinada
Diários (Organizado por Ésio Macedo Ribeiro)
Dias perdidos
Inácio, O enfeitiçado e *Baltazar*
Maleita
O desconhecido e *Mãos vazias*
Salgueiro

Traduções

Drácula, de Bram Stoker
O vento da noite, de Emily Brontë
Orgulho e preconceito, de Jane Austen

Emily Brontë

O vento da noite

Tradução de
Lúcio Cardoso

Organização e apresentação de
Ésio Macedo Ribeiro

1ª edição

CIVILIZAÇÃO BRASILEIRA
Rio de Janeiro
2016

CIP-BRASIL. CATALOGAÇÃO NA FONTE
SINDICATO NACIONAL DOS EDITORES DE LIVROS, RJ

Brontë, Emily, 1818-1848
B887v O vento da noite / Emily Brontë; tradução de Lúcio Cardoso. Organização e apresentação de Ésio Macedo Ribeiro. – 1ª ed. – Rio de Janeiro: Civilização Brasileira, 2016.

ISBN 978-85-200-1306-9

1. Poesia inglesa. I. Cardoso, Lúcio, 1912-1968. II. Título.

07-2310 CDD: 821
CDU: 821.111-1

Texto revisado segundo o novo Acordo Ortográfico da Língua Portuguesa.

Direitos desta tradução adquiridos pela
EDITORA CIVILIZAÇÃO BRASILEIRA
Um selo da
EDITORA JOSÉ OLYMPIO LTDA.
Rua Argentina, 171 – Rio de Janeiro, RJ – 20921-380 –
Tel.: (21) 2585-2000

Seja um leitor preferencial Record.
Cadastre-se e receba informações sobre nossos lançamentos e nossas promoções.

Atendimento e venda direta ao leitor:
mdireto@record.com.br ou (21) 2585-2002

Impresso no Brasil
2016

Sumário

A nova edição de *O vento da noite*

Ésio Macedo Ribeiro[1]

Em 2006 a Editora Civilização Brasileira começou a trazer de volta ao público as traduções realizadas por Lúcio Cardoso (Curvelo, MG, 1912 – Rio de Janeiro, RJ, 1968) nos anos 1940. O primeiro reeditado foi *Orgulho e preconceito*, de Jane Austen, seguido, em 2013, por *Drácula*, de Bram Stoker. Agora em 2016 sai *O vento da noite*, de Emily Brontë, e o próximo lançamento será o monumental *Ana Karenina*, de Leon Tolstoi, cuja primeira tradução integral[2] no Brasil fora realizada por Lúcio Cardoso.

O vento da noite, da escritora inglesa Emily [Jane] Brontë (Thornton, Inglaterra, 1818 – Haworth, Inglaterra, 1848), é uma de suas melhores traduções. Na apresentação ("Emily Brontë"), observa que faz uma "tradução livre" dos poemas. Mas o que realmente faz não é mera tradução, é "transcriação" — de acordo com a Teoria da Transcriação de

1. Doutor em Literatura brasileira pela USP, escritor e bibliófilo. Autor, entre outros, de *Pontuação circense* (Ateliê Editorial, 2000), *O riso escuro ou o pavão de luto: um percurso pela poesia de Lúcio Cardoso* (Edusp/Nankin, 2006) e *Drama em sol para o século XXI* (Ed. do Autor, 2011). Organizador da *Poesia completa* (Edusp, 2011) e dos *Diários* (Civilização Brasileira, 2012) de Lúcio Cardoso.
2. Em 1930, a Sociedade Impressora Paulista, situada em São Paulo, publicou uma tradução incompleta do romance, realizada por Anôn.

Haroldo de Campos, quando este diz, em suma, que o tradutor é um recriador. Lúcio Cardoso não antecipa tal teoria só neste livro, mas em toda poesia e prosa por ele traduzida ao longo da década de 1940. Trabalhou bastante naquele período: foram dezesseis traduções[3] num espaço de dez anos. Atividade que o sustentou à época, pois sua própria literatura nunca vendera muito.

O vento da noite é composto de trinta e três poemas, selecionados por Lúcio Cardoso dentre os numerosos que Emily Brontë nos legou nos seus poucos trinta anos de existência. O título geral da coletânea provém do poema que abre o livro, "The night-wind". Vale ressaltar que apenas uma pequena parcela de produção poética da autora foi publicada em vida, a maioria só veio a público pelo empenho de sua irmã, a também escritora Charlotte Brontë, que em 1850 editou os poemas póstumos, juntamente com os publicados por Emily em um livro conjunto[4] com suas irmãs, sob os pseudônimos[5] de Currer, Ellis e Acton Bell, respectivamente Charlotte, Emily e Anne Brontë. A face menos conhecida da criadora do mundialmente conhecido *O morro*

3. Menciono, aqui, apenas as primeiras edições das traduções de Lúcio Cardoso: 1) Jane Austen, Orgulho e preconceito, Rio de Janeiro [RJ], José Olympio [JO], 1940; 2) Ethel Vance, Fuga, RJ, JO, 1941; 3) Upton Sinclair, O fim do mundo, RJ, JO, 1941; 4) O livro de Job, RJ, JO, 1943; 5) Bram Stoker, Drácula – o homem da noite, RJ, O Cruzeiro [OC], 1943; 6) Liam O'Flaherty, O assassino, RJ, OC, 1945; 7) Leon Tolstoi, Ana Karenina, RJ, JO, 1943; 8) Gaston Leroux, O fantasma da ópera, RJ, OC, 1944; 9) Kâlidâsa, A ronda das estações, RJ, JO, 1944; 10) Emily Brontë, O vento da noite, RJ, JO, 1944; 11) Daniel Defoë, Os segredos de Lady Roxana, RJ, Pongetti, 1945; 12) Maurice Baring, A princesa branca, RJ, JO, 1946; 13) Daniel Defoë, As confissões de Moll Flanders, RJ, JO, 1943; 14) Goethe, Memórias 1 – extratos de minha vida – poesia e verdade, RJ, JO, 1948; 15) Eugênio Zamiatin, "A caverna", in: Os russos: antigos e modernos – 1, coord. e apres. de Rubem Braga, RJ, Leitura, 1944, pp. 425-433; 16) 3 novelas russas [Garin, Tolstoi, Dostoievski], RJ, A Noite, s/d. [1947].

4. Currer, Ellis, and Acton Bell, *Poems*, London, Aylott and Jones, 1846.

5. A professora Daise Lilian Fonseca Dias menciona em seu ensaio, "Mulheres escritoras, cânone e poesia: Emily Brontë" (In: Revista Científica Gênero na Amazônia n. 2, Belém, PA, jul./dez. 2012, p. 255), que a "escolha de pseudônimos, até certo ponto andróginos, sugere a incerteza das irmãs Brontë quanto à própria identidade sexual enquanto escritoras, mas também o desejo de não terem essa identidade determinada em seus textos."

dos ventos uivantes (*Wuthering Heights*), publicado em 1847, livro que recebeu várias adaptações, e transposições para o cinema, é a de poeta. Mas não se pense que estamos diante de obra menor de uma grande escritora. Emily Brontë é voz poderosa na poesia inglesa do século XIX. Suas experiências místicas e visionárias, presentes nos poemas, indicam que a autora costumava expressar uma realidade problemática, certamente derivada de uma visão de mundo significativamente negativa — talvez influenciada pela região agreste, desolada e selvagem em que vivia na Inglaterra. Essas visões, parece, enegreceram tudo mais em derredor dela. Mas, ao mesmo tempo, a sensação de desconforto é que a faz descobrir o seu lugar no mundo. Também não podemos dissociar a prosa da poesia de Emily Brontë, porque ambas estão ligadas à mesma fonte de imaginação.

A poesia de Emily Brontë não se assemelha ao padrão da produzida por muitas mulheres. Embora seus poemas pertençam à escola romântica, marcada pelo lirismo, pela subjetividade, pela emoção e pelo *eu*, eles fogem em muito à pieguice e ao derramamento exacerbado característicos daquele movimento literário. Sobretudo pela concretude com que ela trata os mais diversos temas em *O vento da noite*, a exemplo da passagem do tempo, a noite, a solidão e a morte.[6]

A tradução de Lúcio Cardoso — segundo pesquisei, a primeira e única edição da poesia de Emily Brontë no Brasil[7] — foi publicada,

---

6. Para quem desejar se aprofundar nestes assuntos, recomendo a leitura do ensaio, "Mulheres escritoras, cânone e poesia: Emily Brontë", de Daise L. F. Dias (In: *Revista Científica Gênero na Amazônia* n. 2, Belém, PA, jul./dez. 2012, pp. 239-267), pela abordagem que a professora faz não só sobre a questão dos pseudônimos masculinos utilizados pelas três irmãs, mas, também, pela análise dos aspectos de sua poesia e de seu lugar no cânone literário mundial.

7. Posteriormente, poucos poemas esparsos apareceram, entre outros, por Renata Cordeiro, que traduziu e publicou "Seis poemas de Emily Brontë" (*Cadernos de Literatura em Tradução* 8 (USP), jul. 2008, pp. 161-172), e "Três poemas de Emily Brontë" (*7Faces*, <hotblog7faces.blogspot.com>, 18 dez. 2013).

com capricho, em 1944, pela Livraria José Olympio Editora, na prestigiosa e histórica Coleção Rubáiyát, em capa dura e brochura, havendo também, para bibliófilos, tiragem, fora de comércio, de dez exemplares em papel *Vergé*, e cento e cinquenta exemplares em papel *Bouffant* extra, creme, em formato grande, todos numerados e assinados pelo tradutor. A capa e as ilustrações ficaram a cargo de Santa Rosa. O livro rapidamente se esgotou e não foi reeditado.

Para esta nova edição que organizei, além desta "Apresentação", optei pela inclusão dos textos originais, o que propiciará ao leitor a oportunidade de apreciar os poemas no cotejo do original e da tradução. O trabalho de Lúcio Cardoso foi revisado e a ortografia atualizada para as normas vigentes. Entretanto, respeitei e mantive certos traços de Lúcio Cardoso na forma por ele dada aos poemas — que não seguem estritamente, como se poderá notar, o original inglês.

Como não pude localizar de que edição Lúcio Cardoso se valeu para as traduções, consultei numerosas publicações, inclusive as críticas, para enfim optar pela que utilizei.[8] Foi pesquisa que consumiu alguns meses, pelo fato de Lúcio Cardoso, por exemplo, inserir títulos em poemas que não os traziam, o que fez dificultar a detecção de poemas não titulados no original. Assim, optei por numerar todos eles, de 1 a 33, mesmo os que vêm titulados, visando a melhor identificação deles na página. Em inglês, alguns poemas trazem datas e notas. Por não se tratar de uma edição crítica, optei por deixar os poemas sem informação suplementar.

8. *The Complete Works of Emily Brontë* (2 vols.), Vol. I – poetry, edited by Clement Shorter, with introductory essay by W. Robertson Nicoll, New York and London, Hodder and Stoughton, 1908.

Por fim, esta nova edição dará ao público não só a chance de descobrir e/ou de redescobrir uma faceta da produção de uma autora importante no cânone literário inglês, como também nos permitirá o deleite da bela leitura que Lúcio Cardoso fez de sua poesia.

Chicago, junho de 2016.

Emily Brontë

Lúcio Cardoso

Elizabeth[1] Bowen, no seu pequeno livro sobre romancistas ingleses, afirma que o gênio das Brontë é um fenômeno, não apenas da literatura inglesa, mas da literatura em geral, em sua acepção mais ampla. Emily Brontë, penúltima da família, nasceu em 1818. Enquanto criança, vagou pelos pântanos da terra em que tinha nascido, na companhia dos seus irmãos. Em 1846, já em Haworth, as três irmãs publicaram juntas um livro de poemas sob os pseudônimos[2] de Currer, Ellis e Acton Bell, ou melhor, Charlotte, Emily e Anne Brontë. Inútil dizer que o livro não obteve nenhum sucesso, apesar dos evidentes sinais de genialidade que os versos de Ellis atestavam. Charlotte publica mais tarde *Jane Eyre* e Emily, *Wuthering Heights*, ambos romances destinados a serem imortais. Do romance de Emily Brontë, nada podemos acrescentar ao que a crítica do mundo inteiro tem dito, tendo sido ela comparada com todos os grandes poetas do mundo, inclusive com Shakespeare.

1. Na edição de 1944: Elisabeth. Lapso da edição. (*N. O.*)
2. Na edição de 1944: o pseudônimo. Lapso da edição. (*N. O.*)

Dos poemas de Ellis Bell é a versão que a Livraria José Olympio Editora agora[3] apresenta ao público brasileiro; tradução livre, de poemas que hoje são considerados como dos mais altos, dos mais belos e dos mais característicos da língua inglesa.

Rio, junho de 1944.[4]

---

3. Lúcio Cardoso refere-se à edição de 1944, publicada pela José Olympio Editora, que serviu de base para esta nova edição, da Civilização Brasileira. (*N. O.*)
4. Na tradução de 1944: L.C./ Rio, junho de 1944. (*N. O.*).

POEMAS

1.
THE NIGHT-WIND

IN summer's mellow midnight,
A cloudless moon shone through
Our open parlour window,
And rose-trees wet with dew.

I sat in silent musing;
The soft wind waved my hair;
It told me heaven was glorious,
And sleeping earth was fair.

I needed not its breathing
To bring such thoughts to me;
But still it whispered lowly,
How dark the woods will be!

'The thick leaves in my murmur
Are rustling like a dream,
And all their myriad voices
Instinct with spirit seem.'

I said, 'Go, gentle singer,
Thy wooing voice is kind:
But do not think its music
Has power to reach my mind.

1.

O VENTO DA NOITE

À meia-noite de verão, mole como um fruto maduro,
A lua sem véus lançou a sua luz
Pela janela aberta do parlatório,
Através dos rosais onde o orvalho chovia.

Sentada e perseguindo o meu sonho de silêncio,
A doce mão do vento brincava em meus cabelos
E sua voz me contava as maravilhas do céu.
E a terra era loura e bela de sono.

Eu não tinha necessidade do seu hálito
Para me elevar a tais pensamentos,
Mas um outro suspiro em voz baixa me disse
Que os negros bosques são povoados pelas trevas.

A folha pesada, nas águas da minha canção,
Escorre e rumoreja como um sonho de seda;
E, ligeira, sua voz miriápode caminha,
Dir-se-ia levada por uma alma fagueira.

E eu lhe dizia: "Vai-te, doce encantador.
Tua amável canção me enaltece e me acaricia,
Mas não creio que a melodia desta voz
Possa jamais atingir o meu espírito.

'Play with the scented flower,
The young tree's supple bough,
And leave my human feelings
In their own course to flow.'

The wanderer would not heed me;
Its kiss grew warmer still.
'O come!' it sighed so sweetly;
'I'll win thee 'gainst thy will.

'Were we not friends from childhood?
Have I not loved thee long?
As long as thou, the solemn night,
Whose silence wakes my song.

'And when thy heart is resting
Beneath the church-aisle stone,
I shall have time for mourning,
And *thou* for being alone.'

Vai encontrar as flores, as tuas companheiras,
Os perfumes, a árvore tenra e os galhos débeis;
Deixa meu coração mortal com suas penas humanas,
Permite-lhe escorrer seguindo o próprio curso."

Mas ele, o Vagabundo, não me queria ouvir,
E fazia seus beijos ainda mais ternos,
Mais ternos ainda os seus suspiros: "Oh, vem,
Saberei conquistar-te apesar de ti mesma!

Dize-me, não sou o teu amigo de infância?
Não te concedi sempre o meu amor?
E tu o inutilizavas com a noite solene,
Cujo morno silêncio desperta minha canção.

E quando o teu coração achar enfim repouso,
Enterrado na igreja sob a lousa profunda,
Então terei tempo para gemer à vontade,
E te deixarei todas as horas para ficar sozinha..."

2.

THE night is darkening round me,
The wild winds coldly blow;
But a tyrant spell has bound me
And I cannot, cannot go.

The giant trees are bending
Their bare boughs weighed with snow,
And the storm is fast descending,
And yet I cannot go.

Clouds beyond clouds above me,
Wastes beyond wastes below;
But nothing drear can move me —
I will not, cannot go.

2.

A noite se torna mais escura...

Diante de mim a noite se torna mais escura,
As rajadas do vento são mais frias e selvagens.
E eu, aprisionada a este sortilégio,
Não posso mais partir.

Gigantes, as árvores se arqueiam,
Galhos nus sob a pesada neve;
Já a tempestade inclina mais baixo a sua fronte,
Por isso não posso mais partir.

Sobre mim o espaço e as nuvens;
Os desertos deságuam aos meus pés.
As solidões não me comovem mais;
A vontade se acha extinta,

Não posso mais partir.

3.

STANZAS

OFTEN rebuked, yet always back returning
To those first feelings that were born with me,
And leaving busy chase of wealth and learning
For idle dreams of things which cannot be:

To-day, I will seek not the shadowy region;
Its unsustaining vastness waxes drear;
And visions rising, legion after legion,
Bring the unreal world too strangely near.

I'll walk, but not in old heroic traces,
And not in paths of high morality,
And not among the half-distinguished faces,
The clouded forms of long-past history.

3.
Estâncias

Já me reprovaram e volto sempre
Aos primeiros sentimentos que nasceram comigo;
Deixo de correr atrás do ouro e do conhecimento,
Para sonhar apenas com maravilhas impossíveis.

Mas hoje,
Não descerei mais ao império das sombras;
Tenho medo da sua frágil e decepcionante imensidão,
E meu sonho, povoado com legiões inumeráveis,
Torna este mundo sem forma estranhamente próximo.

Caminharei,
E ficarão para trás as antigas veredas do heroísmo,
E os caminhos já exaustos da moralidade,
E o imprevisto aglomerado de faces obscuras,
Ídolos em bruma de um passado já longínquo.

I'll walk where my own nature would be leading:
It vexes me to choose another guide:
Where the grey flocks in ferny glens are feeding;
Where the wild wind blows on the mountain-side.

What have those lonely mountains worth revealing?
More glory and more grief than I can tell:
The earth that wakes *one* human heart to feeling
Can centre both the worlds of Heaven and Hell.

Caminharei,
Onde só agradar à minha alma caminhar,
(Não posso suportar a escolha de outro guia)
Onde os rebanhos se acinzentam no verde das campinas,
Onde o vento alucinado vergasta o flanco das montanhas.

Que pode revelar a montanha solitária?
Nada exprime sua glória e sua dor.
Minha alma dormia, quando a terra despertou,
E o círculo do Céu ao círculo do Inferno

Confundindo-se, à terra deram nascimento.

4.
The visionary

Silent is the house: all are laid asleep:
One alone looks out o'er the snow-wreaths deep,
Watching every cloud, dreading every breeze
That whirls the wildering drift, and bends the groaning trees.

Cheerful is the hearth, soft the matted floor;
Not one shivering gust creeps through pane or door;
The little lamp burns straight, its rays shoot strong and far:
I trim it well, to be the wanderer's guiding-star.

Frown, my haughty sire! chide, my angry dame;
Set your slaves to spy; threaten me with shame:
But neither sire nor dame, nor prying serf shall know,
What angel nightly tracks that waste of frozen snow.

What I love shall come like visitant of air,
Safe in secret power from lurking human snare;
What loves me, no word of mine shall e'er betray,
Though for faith unstained my life must forfeit pay.

4.

A VISIONÁRIA

O sono habitava a casa do silêncio.
Só, o olhar demora ainda nas profundezas nevoentas,
Vigia a nuvem e estremece à brisa.
Eleva-se a obscura rajada que volteia
E se inclina ao gemido das árvores.

Oh, a alegria do lar e a doçura calma do solo!
Não corre nenhum sopro, portas e janelas fechadas.
A lâmpada, sem piscar, lança ao longe os seus raios
E eu preparo esta estrela ao viajante da sombra.

Altivo e orgulhoso senhor, e vós, dama inclemente,
Espalhai os espiões e tramai a minha infâmia:
E mesmo com os vossos escravos não sabereis jamais
Qual o anjo que todas as noites deixa nas neves desertas
A marca de seus passos.

O bem-amado voltará;
Ele me visitará ligeiro como o espaço,
Pois, forte e secreto, escapa às armadilhas,
E jamais meus lábios trairão aquele que me ama.
Que me importa a vida, se pura permanece a minha fé!

Burn, then, little lamp; glimmer straight and clear –
Hush! a rustling wing stirs, methinks, the air:
He for whom I wait, thus ever comes to me;
Strange Power! I trust thy might; trust thou my constancy.

É preciso arder, pequena lâmpada, é preciso brilhar;
Tua flama será altiva e clara...
O espaço se agita docemente, uma asa
Passa, silêncio... não será minha alma?
É somente o sinal do bem-amado à minha espera.

Força misteriosa,
Ó Poder!
Em ti coloco minha esperança,
E sempre permanecerei fiel à minha espera!

5.

THE PHILOSOPHER

ENOUGH of thought, philosopher!
Too long hast thou been dreaming
Unlightened, in this chamber drear,
While summer's sun is beaming!
Space-sweeping soul, what sad refrain
Concludes thy musings once again?

'Oh, for the time when I shall sleep
Without identity.
And never care how rain may steep,
Or snow may cover me!
No promised heaven, these wild desires
Could all, or half fulfil;
No threatened hell, with quenchless fires,
Subdue this quenchless will!'

'So said I, and still say the same;
Still, to my death, will say –
Three gods, within this little frame,
Are warring night and day;
Heaven could not hold them all, and yet
They all are held in me;

5.

O FILÓSOFO

Detém-te, filósofo!
Sem luz o teu sonho existiu durante muito tempo,
Neste quarto escuro.
E, no entanto, o verão resplandece ao sol!
Alma sequiosa dos espaços,
Dir-me-ás a tristeza que canta
E que ainda desta vez destruiu os teus sonhos?

Oh, quando virá o tempo em que poderei dormir,
Libertada de mim mesma,
Sem mais cuidar da chuva e suas profundas águas,
Sem mais cuidar da neve!
Nem a promessa do Céu poderá reter
A impetuosa onda dos meus imensos desejos.
Nem a ameaça do inferno e seus eternos fogos
Poderão dominar o ardor desta alma rebelde...

O que eu disse, repito ainda,
Sempre, até à morte eu o direi...
Três deuses, neste ser mesquinho,
Combatem noite e dia.
Nem mesmo a amplidão do céu poderá contê-los...
E, no entanto, é o meu corpo que encerra estas três almas.

And must be mine till I forget
My present entity!
Oh, for the time, when in my breast
Their struggles will be o'er!
Oh, for the day, when I shall rest,
And never suffer more!'

'I saw a spirit, standing, man,
Where thou dost stand – an hour ago,
And round his feet three rivers ran,
Of equal depth, and equal flow –
A golden stream – and one like blood;
And one like sapphire seemed to be;
But, where they joined their triple flood
It tumbled in an inky sea.
The spirit sent his dazzling gaze
Down through that ocean's gloomy night;
Then, kindling all, with sudden blaze,
The glad deep sparkled wide and bright –
White as the sun, far, far more fair
Than its divided sources were!'

'And even for that spirit, seer,
I've watched and sought my lifetime long;
Sought him in heaven, hell, earth, and air,
An endless search, and always wrong.
Had I but seen his glorious eye
Once light the clouds that 'wilder me,

Dentro de mim deverão viver até que eu tenha esquecido
Minha entidade presente.
Oh! quando virá o tempo, quando terão fim
Estes combates no meu coração...
E o tempo do repouso, o fim do sofrimento!

Não faz muito tempo,
No mesmo lugar em que estás agora, ó pobre mortal,
Um espírito me apareceu...
Em torno dos seus pés fugiam três rios
Da mesma profundidade.
A mesma força dava vida às suas correntes.
Um era de ouro – o outro, colorido em sangue.
O terceiro de safira parecia.
Mais longe suas três vagas se confundiam
E se perdiam num mar cego.
O espírito, com o seu olhar agudo como o raio,
Perfurou a noite morna do oceano.
Então, incendiados com sua flama repentina,
Os alegres abismos clarearam o espaço,
Mais brancos do que o sol,
Ultrapassando em beleza sua fronte dividida!

Mas para achar esse espírito, profeta,
Velei, sondei, usei a minha vida inteira.
Percorri o céu, o inferno, a terra e o ar,
Numa procura infinda e cada vez mais vã.
Oh, se eu pudesse vislumbrar a luz do seu olhar,
Iluminando um instante o caos das nuvens

I ne'er had raised this coward cry
To cease to think, and cease to be;
I ne'er had called oblivion blest,
Nor stretching eager hands to death,
Implored to change for senseless rest
This sentient soul, this living breath –
Oh, let me die – that power and will
Their cruel strife may close;
And conquered good, and conquering ill
Be lost in one repose!'

E minha alucinação!
Não teria então lançado esse grito de covardia,
Resignado o pensamento e denunciado a vida,
Não teria chamado de bendito o poder de esquecer...
Nem, estendendo para a morte as minhas mãos impacientes,
Implorado que em troca de um morno repouso,
Me arrebatassem esta alma palpitante
E este sopro de vida.
Oh! deixe-me morrer... e que logo se acabe
A terrível disputa entre o corpo e a alma.
Que o mesmo Sono para sempre absorva
A derrota do bem e o mal triunfante!

6.
Faith and Despondency

'The winter wind is loud and wild,
Come close to me, my darling child;
Forsake thy books, and mateless play;
And, while the night is gathering grey,
We'll talk its pensive hours away; –

'Iernë, round our sheltered hall
November's gusts unheeded call;
Not one faint breath can enter here
Enough to wave my daughter's hair,
And I am glad to watch the blaze
Glance from her eyes, with mimic rays,
To feel her cheek, so softly pressed,
In happy quiet on my breast.

'But, yet, even this tranquility
Brings bitter, restless thoughts to me;
And, in the red fire's cheerful glow,
I think of deep glens, blocked with snow;
I dream of moor, and misty hill,
Where evening closes dark and chill;

6.
Fé e desesperança

Em voz alta passa o vento de inverno como um louco;
Vem a mim, ó criança adorável!
Renuncia à leitura e aos teus jogos solitários,
E enquanto a noite se alteia e empalidece
Contemos outros casos para passar as horas.

Iernë,
Em torno ao grande *hall* a porta bem fechada.
Chamam inutilmente os sopros de novembro,
Pois nem o mais leve suspiro entrará nesta sala,
Nada poderá agitar os cabelos de minha filha,
E meus olhos seguem com alegria a chama clara
Que nasce da sua alma e suaviza seu olhar,
Feliz por sentir a carícia de uma fronte
E ter um seio onde repousar em tranquila confiança.

Mas amargos pensamentos vêm perturbar minha alma,
Mesmo neste asilo onde encontrei a paz.
E, ao vermelho brilho destas flamas,
Penso nos desfiladeiros profundos
Já fartos pela neve.
Penso nas planícies e nas montanhas brumosas,
Onde a noite se fecha no escuro e no frio,

For, lone, among the mountains cold,
Lie those that I have loved of old.
And my heart aches, in hopeless pain,
Exhausted with repinings vain,
That I shall greet them ne'er again!'

'Father, in early infancy,
When you were far beyond the sea,
Such thoughts were tyrants over me!
I often sat, for hours together,
Through the long nights of angry weather,
Raised on my pillow, to descry
The dim moon struggling in the sky;
Or, with strained ear, to catch the shock,
Of rock with wave, and wave with rock;
So would I fearful vigil keep,
And, all for listening, never sleep.
But this world's life has much to dread,
Not so, my Father, with the dead.

'Oh! not for them, should we despair,
The grave is drear, but they are not there:
Their dust is mingled with the sod,
Their happy souls are gone to God!
You told me this, and yet you sigh,
And murmur that your friends must die.

E onde, sozinhos nos montes e cobertos pelos gelos,
Os que eu amei outrora
Jazem.
E tenho o coração sufocado por um morno desespero;
Em vão me consumo em murmúrios e queixas,
Pois sei que nunca mais tornarei a vê-los!

Eu ainda era uma criança, meu pai,
E tu estavas longe de mim, além dos mares.
Eu vivia sob o jugo destes tristes pensamentos.
Sentada, atravessava as horas sem mover-me,
E assim passava as noites de fúria e de tormenta.
De pé, do meu lugar, seguia com esforço
A lua tenebrosa e em luta pelo céu.
Forçava então o ouvido a perceber o choque
Da rocha contra a vaga e da vaga contra a rocha.
E assim passava as vigílias de pavor,
Sem jamais repousar desta perene escuta.
Mas a vida e o mundo são povoados de terror;
Só, meu pai,
Não há pavor no país da morte.

Os mortos não voltariam o olhar ao nosso desespero.
Eles não sabem o que é a tristeza das tumbas,
Pois misturam sua poeira às ervas da terra.
Abençoadas, suas almas já repousam em Deus!
Era assim que me falavas – e no entanto suspiras
E lamentas em segredo contra a morte fatal
Que aniquila os teus amigos.

Ah! my dear father, tell me why?
For, if your former words were true,
How useless would such sorrow be;
As wise, to mourn the seed which grew
Unnoticed on its parent tree,
Because it fell in fertile earth,
And sprang up to a glorious birth –
Struck deep its root, and lifted high
Its green boughs in the breezy sky.

'But, I'll not fear, I will not weep
For those whose bodies rest in sleep, –
I know there is a blessed shore,
Opening its ports for me and mine;
And, gazing Time's wide waters o'er,
I weary for that land divine,
Where we were born, where you and I
Shall meet our dearest, when we die;
From suffering and corruption free,
Restored into the Deity.'

'Well hast thou spoken, sweet, trustful child!
And wiser than thy sire;
And worldly tempests, raging wild,
Shall strengthen thy desire –
Thy fervent hope, through storm and foam,
Through wind and ocean's roar,
To reach, at last, the eternal home,
The steadfast, changeless shore!'

E me dirás por que, ó pai querido?
Se dizias a verdade, era vã a tua pena,
Pois nada vale chorar a sorte da tenra semente
Que cresce incógnita sobre a árvore do nascimento
E um dia cai ferida ao solo fértil
E rebenta mais tarde em gloriosa floração:
Na terra mergulha suas raízes
E aos frios sopros do céu oferece os seus braços verdes.

Mas àqueles cujo corpo achou o Sono,
Não quero mais votar as lágrimas e os temores,
Pois sei que existe uma praia bendita,
Que para os meus e para mim abre o seu porto imenso.
E, contemplando as infinitas águas do Tempo,
Desfaleço na esperança desta divina região,
Onde nasce o dia e onde voltaremos a encontrar
Aqueles que nos eram caros
E que foram salvos da dor e do estigma,
Entregues para sempre à divindade.

Falas bem, doce e fiel criança,
Num tom mais sábio do que o teu velho pai.
E este mundo varrido pela fúria das procelas
Dará mais força ainda ao teu desejo,
À tua ardente esperança de atingir,
Através da tempestade e da sua baba que espuma,
Dos ventos gelados e do grito rouco das vagas,
A eterna mansão,
A região bendita das Formas imutáveis.

7.

O God of heaven! The dream of horror,
The frightful dream is over now;
The sickened heart, the blasting sorrow,
The ghastly night, the ghastlier morrow,
The aching sense of utter woe.

The burning tears that would keep welling,
The groan that mocked at every tear,
That burst from out their dreary dwelling,
As if each gasp were life expelling,
But life was nourished by despair.

The tossing and the anguished pining,
The grinding teeth and starting eye;
The agony of still repining,
When not a spark of hope was shining
From gloomy fate's relentless sky.

The impatient rage, the useless shrinking
From thoughts that yet could not be borne;
The soul that was for ever thinking,
Till nature maddened, tortured, sinking,
At last refused to mourn.

7.

Agora está acabado

Ó Deus do Céu! Está acabado agora!
Acabado o sonho horrível, o sonho de terror,
O coração partido, as áridas tristezas,
Os fantasmas da noite, a aurora plena,
E os dilaceramentos deste mal estranho.

A queimadura sem fim das lágrimas teimosas,
A queixa que suspira e lamenta cada lágrima,
E desborda, e se arranca à sombria mansão.
A vida parecia fugir através destas portas abertas,
Mas renascia sempre do mesmo desespero.

A noite branca e a garganta cerrada de angústia,
O ranger de dentes e os olhos do medo,
E a eterna agonia desta longa espera,
Quando, no escuro céu dos destinos implacáveis,
Não se via brilhar mais nenhuma chama de esperança.

As impacientes cóleras,
Os inúteis esforços para dissipar
Os sonhos que nunca deviam ter nascido!
E a alma esmagada pelos pensamentos,
Tonta, quase a desmaiar sob a tortura,
Até o dia em que o corpo se recusou a sofrer mais.

It's over now – and I am free,
And the ocean wind is caressing me,
The wild wind from the wavy main
I never thought to see again.

Bless thee, bright Sea, and glorious dome,
And my own world, my spirit's home;
Bless thee, bless all – I cannot speak;
My voice is choked, but not with grief,
And salt drops from my haggard cheek
Descend like rain upon the heath.

How long they've wet a dungeon floor,
Falling on flagstones damp and grey:
I used to weep even in my sleep;
The night was dreadful like the day.

I used to weep when winter's snow
Whirled through the grating stormily;
But then it was a calmer woe,
For everything was drear to me.

The bitterest time, the worst of all,
Was that in which the summer sheen
Cast a green lustre on the wall
That told of fields of lovelier green.

Agora está acabado,
Sou livre.
O alto vento do mar me enobrece e me acaricia,
O vento, grande vagabundo das planícies ondulantes,
Que eu julgava perdido e sem esperança de volta.

Eu te bendigo, ó Mar faiscante,
E tu, esplendor arqueado,
E tu, Universo, tu em que repousa minha alma!
Sede benditos... E minha voz desfalece.
Não é mais a tristeza que me cinge a garganta,
Mas sobre a palidez das faces sinto uma fria mágoa
Escorrer como a chuva que desce ao longo da planície.

Durante muito tempo este líquido molhou a minha prisão,
Gota a gota, escorreu sobre a pedra úmida e cinza.
As lágrimas me perseguiam até em sonhos,
A noite como o dia me enchia de terror.

E eu chorava também, quando a neve de inverno
Através das grades rodava na tempestade.
Mas então minha alegria se tornava mais tranquila,
Pois tinha medo de tudo, nesta morte das coisas.

O tempo mais amargo, o mais terrível,
Era quando o verão brilhava no seu esplendor,
E lançava sobre as paredes um clarão esverdeado
Que falava de planícies e ridentes bosques.

Often I've sat down on the ground,
Gazing up to the flush scarce seen,
Till, heedless of the darkness round,
My soul has sought a land serene.

It sought the arch of heaven divine,
The pure blue heaven with clouds of gold;
It sought thy father's home and mine
As I remembered it of old.

Oh, even now too horribly
Come back the feelings that would swell,
When with my face hid on my knee,
I strove the bursting groans to quell.

I flung myself upon the stone;
I howled, and tore my tangled hair;
And then, when the first gust had flown,
Lay in unspeakable despair.

Sometimes a curse, sometimes a prayer,
Would quiver on my parchèd tongue;
But both without a murmur there
Died in the breast from whence they sprung.

Muitas vezes sentei-me até mesmo no chão gelado,
Contemplando no céu um efêmero clarão.
E minha alma, sem ver as trevas reinantes,
Lentamente partia para as terras serenas,

Para a abóbada divina onde o céu triunfava,
Para o azul puro com o ouro das nuvens,
Para o teto paternal da minha antiga mansão,
Igual,
E no entanto tão velha aos olhos da memória!

Oh! ainda agora
Eu as vejo voltar com enorme terror,
Estas paixões, cuja onda subia como o mar,
Quando, cabeça baixa, sobre os joelhos,
Asperamente lutava para domar os meus soluços.

Precipitava-me sobre a pedra com raiva,
E gritava, arrancando meus cabelos emaranhados;
Quando a rajada tinha levado sua asa para mais longe,
Eu permanecia no chão, muda e sem esperança.

Às vezes uma oração, ou às vezes uma blasfêmia,
Sacudia num estremecimento o deserto da minha língua.
Mas a palavra expirava sem despertar eco
E morria no seio que vira o seu nascimento.

And so the day would fade on high,
And darkness quench that lonely beam,
And slumber mould my misery
Into some strange and spectral dream,
Whose phantom horrors made me know
The worst extent of human woe.

But this is past, and why return
O'er such a path to brood and mourn?
Shake off the fetters, break the chain,
And live and love and smile again.

The waste of youth, the waste of years,
Departed in that dungeon thrall;
The gnawing grief, the hopeless tears,
Forget them – oh, forget them all!

Já então o dia agonizava nas alturas,
E a noite estancava seus últimos clarões.
Minha desgraça emprestava à febre adormecida
A estranha forma e o espectro de um sonho,
E terríveis visões me forçaram a conhecer
Os imensos desertos da dor humana.

Mas agora está bem acabado;
Para que voltar à mesma vereda,
Meditar e chorar sobre sentimentos mortos?
Liberta-te dos ferros e repudia as correntes,
É preciso viver, amar e sorrir de novo!

Os anos devastados, a mocidade perdida,
Sepultados para sempre no escuro do cárcere,
A dor que rói, as lágrimas sem esperança,
Deixa-as para sempre no abismo do esquecimento!

8.
Death

Death! that struck when I was most confiding
In my certain faith of joy to be –
Strike again, Time's withered branch dividing
From the fresh root of Eternity!

Leaves, upon Time's branch, were growing brightly,
Full of sap, and full of silver dew;
Birds beneath its shelter gathered nightly;
Daily round its flowers the wild bees flew.

Sorrow passed, and plucked the golden blossom;
Guilt stripped off the foliage in its pride;
But, within its parent's kindly bosom,
Flowed for ever Life's restoring tide.

Little mourned I for the parted gladness,
For the vacant nest and silent song –
Hope was there, and laughed me out of sadness;
Whispering, 'Winter will not linger long!'

8.
A morte

Ó Morte! Feriste,
E eu estava confiante,
Tinha posto minha esperança nas alegrias a vir...
Tu, ó ceifadora, fere ainda,
Tu que cortas do Tempo os ramos ressecados
Enquanto reverdece a fresca Eternidade!

Sobre o galho do Tempo cresciam as folhas claras,
E sua seiva se alimentava de um branco orvalho.
Aí os pássaros procuravam um asilo noturno
E a abelha selvagem, apaixonada pelo dia,
Voava circulando acima de suas flores.

Porém, de passagem, a desgraça feneceu o ouro florescido,
Depois a maldade pilhou o esplendor da folhagem.
Mas nos flancos generosos que lhe tinham dado nascimento,
Sem fim a Vida lançava uma vaga reparadora.

Derramei algumas lágrimas pela alegria desaparecida,
Sobre o ninho morto entoei a canção do silêncio.
Todavia a esperança que velava
Acabou por expulsar a tristeza com o seu riso.
Baixinho ela murmurava:
"Dentro em pouco o inverno itinerante deverá retirar-se!"

And, behold! with tenfold increase blessing,
Spring adorned the beauty-burdened spray;
Wind and rain and fervent heat, caressing,
Lavished glory on that second May!

High it rose – no winged grief could sweep it;
Sin was scared to distance with its shine;
Love, and its own life, had power to keep it
From all wrong – from every blight but thine!

Cruel Death! The young leaves droop and languish;
Evening's gentle air may still restore –
No! the morning sunshine mocks my anguish –
Time, for me, must never blossom more!

Strike it down, that other boughs may flourish
Where that perished sapling used to be;
Thus, at least, its mouldering corpse will nourish
That from which it sprung – Eternity.

E eis aí!
A primavera multiplicou os seus favores,
Enquanto o ramo vergava de enorme beleza;
Os ventos, a chuva, o fervor do sol,
Para saudar este outro Maio,
Prodigavam sem descanso suas carícias gloriosas.

Ele se elevou muito alto.
Mesmo assim, a desgraça alada ainda não o podia tocar.
O Mal não podia vencer o brilho de seus raios.
O amor, a vida secreta de seu ser,
Teriam sabido preservá-lo deste golpe ultrajante,
Do estigma,
Se tu não tivesses vindo.

Ó Morte cruel!
A folha ainda inclina sua mocidade languescente.
Talvez ainda... espere um pouco na doçura da noite...
Não!
O sol da manhã zomba das minhas angústias.
Ai de nós, para mim o Tempo acabou de florescer!

Apressa-te a ferir:
Outros ramos poderão desabrochar,
E compensar a morte deste pobre embrião.
Ao menos este corpo alimentará com sua poeira
O princípio eterno que lhe deu à luz!

9.

AYE – there it is! it wakes to-night
Deep feelings I thought dead;
Strong in the blast – quick gathering light –
The heart's flame kindles red.

'Now I can tell by thine altered cheek,
And by thine eyes' full gaze,
And by the words thou scarce dost speak,
How wildly fancy plays.

'Yes – I could swear that glorious wind
Has swept the world aside,
Has dashed its memory from thy mind
Like foam-bells from the tide:

'And thou art now a spirit pouring
Thy presence into all:
The thunder of the tempest's roaring,
The whisper of its fall:

9.
Eis que estás de volta

Ah! Eis que estás de volta esta noite,
Para despertar ainda
O que eu julgava morto nos abismos do ser.
A luz aumenta;
De súbito, o coração ardente espalha sua luz vermelha.

Agora que vejo a palidez de tuas faces,
As grandes planícies de teus olhos,
E que uma palavra mal se desprende dos teus lábios,
Adivinhei o curso estranho do teu sonho,

E poderia jurar que este vento triunfante
Dispersou para bem longe as imagens do mundo,
E afastou do teu coração a memória inoportuna,
Semelhante às flores de espuma que recolhe a onda:

E agora és um sopro do espírito
E tua presença é um dilúvio penetrante,
O raio que brame no meio das tormentas
E o suspiro final da tempestade que morre.

'An universal influence,
From thine own influence free;
A principle of life – intense –
Lost to mortality.

'Thus truly, when that breast is cold,
Thy prisoned soul shall rise;
The dungeon mingle with the mould –
The captive with the skies.
Nature's deep being, thine shall hold,
Her spirit all thy spirit fold,
Her breath absorb thy sighs.
Mortal! though soon life's tale is told;
Who once lives, never dies!'

És o vasto encanto em que se embala o universo,
Somente tu escapas à sua fascinação.
A vida rebenta sem descanso de tua fonte poderosa
E sobre ti agora a morte já não tem nenhum poder.

Assim, quando a morte tiver enrijecido o teu seio,
Tua alma subirá mais alto do que a sua prisão,
O cárcere misturará sua pedra à poeira,
A escrava confundida se perderá nos céus,
E a Natureza inteira acolherá o teu ser;
Tua alma se perderá nas dobras da sua Alma,
E seu hálito receberá então os teus suspiros.

Ó mortal!
A fábula da vida é narrada bem depressa,
Mas basta uma vida – para não se morrer jamais.

10.

IT is too late to call the now,
I will not nurse that dream again;
For every joy that lit my brow
Would bring its after-storm of pain.

Besides the mist is half withdrawn,
The barren mountain-side lies bare,
And sunshine and awaking morn
Paint no more golden visions there.

Yet ever in my grateful breast
Thy darling shade shall cherished be;
For God alone doth know how blessed
My early years have been in thee!

10.

Já não é mais tempo

Já não é mais tempo para te chamar ainda,
Não quero mais embalar este sonho.
Assim o raio de alegria não durou senão um momento
E a dor infalível logo voltou impetuosa.

E depois a bruma já se levantou a meio;
A rocha estéril exibe o seu flanco nu,
Onde o sol e os primeiros olhares da aurora
Acabaram por adorar suas imagens nascentes.

Mas na memória fiel da minha alma,
Tua sombra amada será eternamente emocionante,
E Deus será o único a reconhecer sempre
O asilo abençoado que abrigou minha infância.

11.
Warning and reply

In the earth – the earth – thou shalt be laid,
A grey stone standing over thee;
Black mould beneath thee spread,
And black mould to cover thee.

'Well – there is rest there,
So fast come thy prophecy;
The time when my sunny hair
Shall with grass roots entwined be.'

But cold – cold is that resting-place,
Shut out from joy and liberty,
And all who loved thy living face
Will shrink from it shudderingly.

'Not so. *Here* the world is chill,
And sworn friends fall from me:
But *there* – they will own me still,
And prize my memory.'

11.
Resposta a um aviso

Na terra – na terra – colocar-te-ão,
Com um céu de pedra cinza,
Sobre um leito de terra negra,
Com a negra terra para te cobrir.

"Ao menos aí poderei repousar;
Possa tal profecia surpreender-me dentro em pouco,
O tempo em que meus cabelos de fino sol
Misturar-se-ão sob a terra às raízes da erva."

Mas este lugar é mais frio do que o inverno.
E fechado para sempre à alegria de ser livre.
E aqueles a quem seduzia o calor da tua face
Estremecerão de horror ao deparar-te.

"Não.
O mundo em que vivemos é uma seara de frêmitos.
Eu sou a árvore do inverno,
A amizade foi para mim a folha decepcionante.
Mas talvez AO LONGE gostarão de me conhecer
E dar à minha imagem uma justa memória."

Farewell, then, all that love,
All that deep sympathy:
Sleep on; Heaven laughs above,
Earth never misses thee.

Turf-sod and tombstone drear
Part human company;
One heart breaks only – here,
But that heart was worthy thee!

Deverias renunciar a este grande amor,
Aos ternos jogos da humana piedade:
Oh! não te despertes,
O grande riso do Céu rompe acima das nossas cabeças,
Jamais lamenta a Terra a uma Ausência.

E a erva, a poeira e a lousa solitária
Terão dispersado dentro em pouco a humana companhia;
Só o eco do suspiro se desola neste mundo.

O único ser... e esta alma era digna de ti!

12.

SHALL earth no more inspire thee,
Thou lonely dreamer now?
Since passion may not fire thee,
Shall nature cease to bow?

Thy mind is ever moving,
In regions dark to thee;
Recall its useless roving,
Come back, and dwell with me.

I know my mountain breezes
Enchant and soothe thee still,
I know my sunshine pleases,
Despite thy wayward will.

When day with evening blending,
Sinks from the summer sky,
I've seen thy spirit bending
In fond idolatry.

12.
A terra para sempre

Dize-me, a terra para sempre
Cessou de inspirar-te,
Vasta e desolada sonhadora?
E já que a paixão não pode mais inflamar-te,
Serás dagora em diante rebelde à natureza?

Teu espírito se inquieta e se aventura sem descanso
Pelos cegos países onde és estrangeira.
Oh! não o permitas mais extraviar-se assim,
Volta a partilhar minha mansão.

Sei que a montanha conservou seu hálito
E o encanto calmo que sempre te possuiu.
Sei que meus sóis causam sempre tua alegria.
Apesar da vontade de tua alma indócil.

Quando a hora empresta ao dia a luz da noite,
E esta, quase a morrer, desfalece no céu de verão,
Eu vi o teu ser curvar-se
E ceder teu espírito ao amor idólatra.

I've watched thee every hour;
I know my mighty sway:
I know my magic power
To drive thy griefs away.

Few hearts to mortals given,
On earth so wildly pine;
Yet few would ask a heaven
More like this earth than thine.

Then let my winds caress thee;
Thy comrade let me be:
Since nought beside can bless thee,
Return – and dwell with me.

Presente, continuei inclinada sobre tuas horas.
Conheço o meu império e sei o seu poder,
Não ignoro a força dos meus encantos:
Ela obriga a dor a afastar-se de ti.

Mas na humana assembleia existem poucos corações
Que ardam ao ímpeto de um desejo mais selvagem,
Pois o comum dos mortais suplicaria que o Céu
Fosse para ele a imagem do mundo em que suspiras.

Não sejas mais rebelde às carícias do vento.
Deixa-me, perto de ti, viver como fiel amiga.
Sou a única que pode trazer-te a felicidade,
Oh, volta agora a partilhar da minha mansão!

13.

STILL beside that dreary water
Stood beneath the cold moon's ray,
Thinking on the deed of slaughter
On his heart that darkly lay.

Soft the voice that broke his dreaming,
Stealing through the silent air,
Yet before the raven's screaming,
He had heard regardless there.

Once his name was sweetly uttered,
Then the echo died away;
But each pulse in horror fluttered,
As the life would pass away.

13.
De pé

De pé,
Perto desta água morta e triste,
Sob o inverno dos raios e os lagos da lua,
Ele sonha ainda com a obra do assassino,
Mais pesada em seu coração que a pesada noite.

Ela veio, a voz do sonho esfacelado,
Devagar no ar silencioso,
Como a mão que não tem força.
E no entanto, antes do negro grito dos corvos,
Ele estava ali, de pé, indiferente.
E no entanto, ouvia.

Assim ouviu a voz,
Doce como um perfume, chamar pelo seu nome,
Uma vez somente.
E depois o eco esmoreceu aos poucos...
Mas viam-se fugir, a cada batida do coração,
As asas do horror.

A mesma vida sempre acabava de morrer.

14.

To the horse black Eagle Which I rode at the battle of Zamorna

Swart steed of night, thou hast charged thy last
O'er the red war-trampled plain;
Now fall'n asleep is the battle blast,
It is stilled above the slain.

Now hushed is the clang of armour bright;
Thou wilt never bear me more
To the deadliest press of the gathering fight
Through seas of noble gore.

And the cold eyes of midnight skies
Shall not pour their light on thee,
When the wearied host of the conqueror lies
On a field of victory.

Rest now in thy glory, noble steed;
Rest! all thy wars are done;
True is the love and high the meed
Thou from thy lord hast won.

In daisied lawns sleep peacefully,
Dwell by the quiet wave,
Till death shall sound his signal cry,
And call thee to thy grave.

14.
Ao cavalo "Águia Negra" que eu montava na batalha de Zamorna

Negro palafrém da noite,
Tu não me transportarás mais,
Sobre a planície avermelhada que pisava a guerra:
A raivosa batalha acabou por morrer
E plana como a alma acima dos cadáveres.

Não se ouve mais o choque das brilhantes armaduras.
Tu não me carregarás mais; outrora me transportavas
Ao combate mais rude, onde a morte triunfava
E fendias com teus flancos as ondas de nobre sangue.

Os olhares gelados no céu das meias-noites
Não mais te inundarão com sua luz gelada,
No instante em que a fadiga acabou por deitar
O exército do conquistador no campo da vitória.

Podes enfim dormir no leito de tua glória,
Não te verão mais nos horríveis descampados.
Mas em troca teu senhor e mestre te dará
A alta recompensa da lealdade no amor.

Podes dormir na erva cheia de brancas flores,
Ou repousar teus passos junto às vagas tranquilas,
Até o dia em que a Morte,
Em grandes gritos e soando o seu último clarim,
Vibrar de repente o sinal da tumba.

15.
Lines

The soft unclouded blue of air,
The earth as golden, green, and fair,
And bright as Eden's used to be,
That air and earth have rested me,

Laid on the grass I lapsed away,
Sank back again to childhood's day;
All harsh thoughts perished, memory mild
Subdued both grief and passion wild.

But did the sunshine even now
That bathed his stern and swarthy brow,
Oh did it wake – I long to know –
One whisper, one sweet dream in him,
One lingering joy that years ago
Had faded – lost in distance dim?

That iron man was born like me,
And he was once an ardent boy;
He must have felt in infancy
The glory of a summer sky.

15.
Linhas

O ar azul sem nuvens acaricia o olhar
E todo o ouro, e o verde, e o louro da terra
Como em novo Éden rebentam nos ares.
Na terra e no ar encontrei o repouso.

Estava deitada sobre a erva e deslizei devagar
E mergulhei ao fundo, onde reina a minha infância;
Vi perderem-se ao longe as severas ideias,
E a doce memória triunfar finalmente
Das furiosas paixões e das pungentes iras.

Mas nele,
Que o sol agora iluminava
Banhando aquela fronte queimada, austera e negra,
Talvez despertassem (como adivinhá-lo?)
Os ecos de um murmúrio ou a doçura de um sonho,
Uma derradeira alegria, que depois de anos
Perdida numa frágil noite se tenha fenecido.

Este homem rude, de férreo coração,
Parecia-se comigo outrora:
Talvez tenha sido uma criança grave, ardente,
E sua infância deve ter visto
A glória e os verões do céu.

Though storms untold his mind has tossed,
He cannot utterly have lost
Remembrance of his early home –
So lost that not a gleam may come.

No vision of his mother's face
When she so fondly mild set free
Her darling child from her embrace
To roam till eve at liberty.

Nor of his haunts, nor of the flowers,
His tiny hand would grateful bear,
Returning from the darkening bowers,
To weave into her glossy hair.

I saw the light breeze kiss his cheek,
His fingers 'mid the roses twined;
I watched to mark one transient streak
Of pensive softness shade his mind.

The open window showed around
A glowing park and glorious sky,
And thick woods swelling with the sound
Of nature's mingled harmony.

Bem podem ter gemido no seu coração ocultas tempestades,
Mas saberá ele esquecer em sua alma deserta
A antiga lembrança da primeira mansão?
Esquecer para sempre, sem esperança de volta?

Nem jamais voltar a ver a imagem de sua mãe,
Quando, relaxando os braços doce e ternamente,
Abandonava a criança que seu coração preferia
Aos folguedos e aos jogos que duravam até à noite?

Nem os lugares amados, nem as colheitas de flores,
Que a mão pequena apertava com ardor,
Ao voltar dos jardins onde a noite baixava,
Misturando-se suave aos seus calmos cabelos?

Eu olhava a brisa
Brincar ligeira e beijar-lhe as faces;
Olhava seus dedos, fechados entre as rosas,
E espiava descer às suas faces
Uma outra sombra, efêmera e dócil,
Que na sua passagem lançava àquela alma
A ternura de um sonho.

Os olhos circulavam através da janela aberta
Do jardim cheio de reflexos ao céu maravilhoso.
E a espessura dos bosques se fazia mais profunda,
Aos cantos harmoniosos da terra inumerável.

Silent he sat. That stormy breast
At length I said has deigned to rest;
At length above that spirit flows
The waveless ocean of repose.

Let me draw near, 'twill soothe to view
His dark eyes dimmed with holy dew;
Remorse even now may wake within
And half unchain his soul from sin.

Perhaps this is the destined hour
When Hell shall lose its fatal power,
And Heaven itself shall bend above
To hail the soul redeemed by love.

Unmarked I gazed, my idle thought
Passed with the ray whose shine it caught;
One glance revealed how little care
He felt for all the beauty there.

Oh! crime can make the heart grow old
Sooner than years of wearing woe,
Can turn the warmest bosom cold
As winter wind or polar snow.

Ele silenciava, e eu pude acreditar
Que talvez seu espírito consentisse ao repouso,
Submetendo enfim aquele atormentado coração.
E na sua alma talvez surgisse a vaga
Do tranquilo oceano que alimenta o sonho.

Quero estar mais próxima de espetáculo tão belo:
Verei seus olhos negros
Enfraquecerem e se velarem sob um santo orvalho,
E o remorso despertar na sua consciência
Para livrá-lo um pouco do peso destas culpas.

Eis talvez a hora em que os destinos sonharão
Com o fim deste fatal poder que o Inferno ostenta.
Ver-se-á o próprio Céu descer das suas alturas
E saudar a alma em gritos, e o Amor que salva.

Atenta, em segredo, retive os meus olhares.
E devagar meu pensamento seguiu o raio de luz,
Cujo brilho tinha furtado à sua passagem:
Surpreendi então nas suas pupilas a fria indiferença
Com que fitava impassível o esplendor do lugar.

Oh!
O crime pode envelhecer uma alma ainda jovem,
Mais cedo do que os anos de exaustivo sofrimento,
E congelar o calor de um sangue generoso
Como o vento de inverno ou a neve dos polos.

16.

THE starry night shall tidings bring,
Go out upon the breezy moor;
Watch for a bird with sable wing,
And beak and talons dropping gore.

Look not around, look not beneath,
But mutely trace its airy way,
Mark where it lights upon the heath;
Then, wanderer, kneel thee down, and pray.

What fortune may await thee there,
I will not, and I dare not tell;
But Heaven is moved by fervent prayer,
And God is mercy – fare thee well!

It is not pride, it is not shame,
That makes her leave the gorgeous hall;
And though neglect her heart might tame,
She mourns not for her sudden fall.

16.
A NOITE BRILHANTE DO INFINITO

A noite brilhante do infinito
Será mensageira de notícias,
Mas é preciso que saias ao vento da planície.
Vigia então
E verás um pássaro:
Hás de reconhecê-lo pelo negro voo de suas asas,
As garras e o bico avermelhados de carniça.

Na planície, não distraias teus olhos dos ares
E seguirás sem um grito o traço de suas asas.
Dentro em pouco hás de vê-lo descer sobre a campina.
Lembra-te deste lugar.
E depois, ó viajante, de joelhos sobre a terra,
Rezarás.

Qual o destino que te pode aguardar,
Não quero, não ouso dizê-lo.
Mas o Céu se comove com as preces ardentes,
Deus sabe ser piedoso.
Que a sorte te seja propícia!

Não era o orgulho e nem o vão pudor:
Ela deixou de repente a grande sala iluminada.
Tinham-na esquecido: talvez sofresse,
Sem no entanto se afligir com uma queda tão rápida.

Tis true she stands among the crowd,
An unmarked and an unloved child,
While each young comrade, blithe and proud,
Glides through the maze of pleasure wild.

And all do homage to their will,
And all seem glad their voice to hear;
She heeds not that, but hardly still
Her eye can hold the quivering tear.

What made her weep, what made her glide
Out to the park this dreary day,
And cast her jewelled chains aside,
And seek a rough and lonely way;

And down beneath a cedar's shade,
On the wet grass regardless lie,
With nothing but its gloomy head
Between her and the showering sky?

I saw her stand in the gallery long,
Watching those little children there,
As they were playing the pillars among
And bounding down the marble stair.

Ei-la de pé, sozinha, no seio da multidão,
E na verdade
Perdida como uma criança que desconhece o amor.
E em volta vê suas companheiras,
O riso nos lábios orgulhosos,
Atravessando o dédalo escorregadio dos prazeres.

Todos se inclinam respeitosamente aos seus desejos,
Todos se sentem felizes em escutá-los.
Pouco lhe importa, porém é real a sua dor
Em reter no canto dos olhos uma lágrima que treme.

Mas por que chora ela?
Por que foge
Ao longo do parque e no caminho do dia desolado,
Depois de ter rompido tantas cadeias preciosas
Na esperança de encontrar
O áspero caminho da solidão?

E eis que descansa agora à sombra de um cedro,
Indiferente à hora em que a chuva repousa,
E só, tendo entre o seu corpo e o céu que escorre
O triste cedro e a noite de seus galhos.

Durante muito tempo permaneceu ela nesta galeria:
Eu a vi contemplar estas pequenas crianças.
Longas horas brincaram,
De coluna em coluna,
Depois corriam e, saltando,
Desapareciam sob a escada de mármore.

17.

THAT dreary lake, that moonlight sky,
That wan moon struggling through the cloud,
That sullen murmur whispering by
As if it dared not speak aloud,
Fall on my heart so sadly now,
Whither my joys so lonely flow.
Touch them not, they bloom and smile,
But their roots are withering all the while.

17.
O LAGO MORTO

O lago morto, o céu cinzento ao luar;
Pálida, lutando, coberta pelas nuvens,
A lua;
O murmúrio obstinado que cochicha e passa
(Dir-se-ia que tem medo de falar em alta voz).

Tão tristes agora,
Recaem sobre meu coração,
Onde a alegria morre como um rio deserto.
Minhas pobres alegrias...
Não as toqueis,
Floridas e sorridentes.

Lentamente, a raiz acaba de morrer.

18.

TELL me, tell me, smiling child,
What the past is like to thee?
An Autumn evening, soft and mild,
With a wind that sighs mournfully.

Tell me what is the present hour?
A green and flowery spray,
Where a young bird sits gathering its power
To mount and fly away.

And what is the future, happy one?
A sea beneath a cloudless sun;
A mighty, glorious, dazzling sea,
Stretching into infinity.

The inspiring music's thrilling sound,
The glory of the festal day,
The glittering splendour rising round,
Have passed like all earth's joys away.

18.

Dize-me, bela criança sorridente

Dize-me, quero saber, bela criança sorridente:
Que imagem a teus olhos desperta o passado?
— "Uma noite em que morre o outono, na sua mole doçura;
O vento arrasta o luto,
Suspira."

Mas, dize-me, que imagem evoca o presente?
— "Verde e florido, o tenro galho
Onde o pássaro pousa e reúne suas forças,
Para tomar alento e voar ao longe."

E o futuro ainda, ó bendita criança?
— "O oceano, em que se mira um sol sem nuvens;
O oceano do poder onde cintila a glória;
A planície azul sem fim."

....

A comovente harmonia das músicas divinas,
A glória e a grandeza dos dias alegres,
As auroras brilhantes de esplendor em torno
Secaram lentamente, como a erva da Alegria,

Forsaken by that lady fair,
She glides unheeding through them all;
Covering her brow to hide the tear
That still, though checked, trembles to fall.

She hurries through the outer hall,
And up the stairs through galleries dim,
That murmur to the breezes' call
The night-wind's lonely vesper hymn.

Abandonadas pela Dama de loura beleza:
Ligeira e sem vê-las ela passa, estrangeira,
Velando a fronte para esconder uma lágrima,
Que se obstina e, trêmula, ameaça cair.

Depressa atravessou a grande sala da mansão
E sobe a passos apressados
Ou atravessa correndo as galerias obscuras,
Cujo eco, respondendo aos apelos da brisa,
Canta o hino deserto
E as vésperas do tufão que devasta a noite.

19.
THE TWO CHILDREN

I

HEAVY hangs the rain-drop
From the burdened spray;
Heavy broods the damp mist
On uplands far away.

Heavy looms the dull sky,
Heavy rolls the sea;
And heavy throbs the young heart
Beneath that lonely tree.

Never has a blue streak
Cleft the clouds since morn;
Never has his grim fate
Smiled since he was born.

Frowning on the infant,
Shadowing childhood's joy
Guardian-angel knows not
That melancholy boy.

19.

As duas crianças

I

Presa ainda está a volumosa gota d'água,
E sob seu peso se curva o jovem ramo;
Dificultosamente a bruma arrasta seu ventre molhado
Sobre os planaltos longínquos em que os caminhos se perdem.

O céu escuro e lento, como uma triste miragem,
E as pesadas ondas do mar que se desenrolam sem fim;
O coração da criança bate em grandes golpes de angústia
Sob a árvore desolada que se eleva ao longe.

Nem a menor fenda, desde o amanhecer,
Riscou com um traço azul as nuvens espessas.
Jamais a criança viu mais pálido sorriso
Roçar a face oculta do seu destino.

Severo defensor dos primeiros anos,
E protetor alado dos prazeres da infância,
Nenhum anjo da guarda jamais terá conhecido
Os mornos desesperos desta pequena alma solitária.

Day is passing swiftly
Its sad and sombre prime;
Boyhood sad is merging
In sadder manhood's time:

All the flowers are praying
For sun, before they close,
And he prays too – unconscious –
That sunless human rose.

Blossom – that the west-wind
Has never wooed to blow,
Scentless are thy petals,
Thy dew is cold as snow!

Soul – where kindred kindness,
No early promise woke,
Barren is thy beauty,
As weed upon a rock.

Wither – soul and blossom!
You both were vainly given:
Earth reserves no blessing
For the unblest of heaven!

O dia se afasta a passos ligeiros
Sobre as penosas veredas destes dias sombrios.
E a criança, na triste aurora da sua vida,
Assiste ao melancólico cair da noite de seus anos.

Sempre, antes de abrirem as suas pálpebras, as flores
Elevam uma oração ao sol,
E ele, sem o saber, faz os mesmos votos
À pequena rosa humana, privada de calor.

Ó tu, bela flor, que os sopros do oeste
Não puderam jamais cumular com suas ricas carícias,
Tuas pétalas não conheceram nunca os perfumes
E teus orvalhos têm sempre o mesmo estremecimento de neve.

E tu, pobre alma, onde a humana bondade
Não vê jamais se abrir uma jovem promessa,
Tu és bela e estéril, e conheço em ti
O esplendor do caniço sobre uma rocha árida.

Bela alma, e tu, ó bela flor,
Para vós é chegado o tempo de fenecer!
Fostes neste mundo uma inútil oferenda:
A terra não soube conceder a sua felicidade
Aos malditos que não tiveram o favor do Céu.

II

CHILD of delight, with sun-bright hair,
And sea-blue, sea-deep eyes!
Spirit of bliss! what brings thee here,
Beneath these sullen skies?

Thou shouldst live in eternal spring,
Where endless day is never dim;
Why, Seraph has thine erring wing
Wafted thee down to weep with him?

'Ah! from heaven am I descended,
Nor do I come to mingle tears;
But sweet is day, though with shadows blended;
And, though clouded, sweet are youthful years.

'I – the image of light and gladness –
Saw and pitied that mournful boy,
And I vowed – if need were – to share his sadness,
And give to him my sunny joy.

'Heavy and dark the night is closing;
Heavy and dark may its bidding be:
Better for all from grief reposing,
And better for all who watch like me –

II

Bela criança de felicidade nos cabelos de sol,
O mar está nos teus olhos, o mar e seus abismos!
Ó sopro da Alegria, que vens fazer aqui,
Sob o céu intratável onde se obstina o tédio?

Tua mansão deve ser uma primavera eterna
Onde, pleno, o dia se recusa a morrer;
Celeste visitante! Por que tua asa errante
Vem a esta criança
Trazer o auxílio e o apoio de tuas lágrimas divinas?

Ah! Não é o céu que eu deixei por ele;
Também não venho dividir a sua dor.
A sombra não pode aniquilar o esplendor de um dia
E a mocidade ri das nuvens negras.

E eu, doce reflexo das alegres claridades,
As lágrimas de criança despertam a minha piedade
E fiz votos para aliviar sua tristeza se fosse necessário,
Dando-lhe um pouco da minha ventura extasiante.

Pesada é a noite, que fecha seus negros olhos.
Suas ordens serão terríveis e secretas:
Mais felizes serão os sonos dolorosos
Onde a pena repousa;
Mais felizes os que velam, meus atentos irmãos.

Watch in love by a fevered pillow,
Cooling the fever with pity's balm;
Safe as the petrel on tossing billow,
Safe in mine own soul's golden calm!

'Guardian-angel he lacks no longer;
Evil fortune he need not fear:
Fate is strong, but love is stronger;
And *my* love is truer than angel-care.'

Os que velam o amor na cabeceira da febre,
Colocam na fronte ardente o bálsamo da piedade.
Como o pássaro confiando na vaga furiosa,
Sem temor se balança no sulco das ondas,
Assim ao abrigo, sem frêmito,
Minha alma se embala na luz tranquila!

Haverá então um anjo que a vela.
Sem temor poderei afrontar as malícias da sorte,
Pois o amor triunfará dos poderes fatais.
Meu coração tem mais amor que ternura em um anjo!

20.

THIS summer wind with thee and me
Roams in the dawn of day;
But thou must be, when it shall be,
Ere evening – far away.

The farewell's echo from thy soul
Should not depart before
Hills rise and distant rivers roll
Between us evermore.

I know that I have done thee wrong,
Have wronged both thee and Heaven;
And I may mourn my lifetime long
And may not be forgiven.

Repentant tears will vainly fall
To cover deeds untrue,
For by no grief can I recall
The dreary word adieu!

20.

Este vento de verão

Este vento de verão rodopia conosco,
Rodopia através das auroras do dia;
Mas é preciso que antes do cair da noite
Partas com este divagante para bem longe.

A voz que chora no adeus,
De tua alma será fiel companheira,
Enquanto a vaga subindo das colinas distantes
E o débil horizonte das ribeiras moventes
Não tiverem elevado ainda, para sempre, suas barreiras.

Sei que cometi uma grande injustiça
Para contigo,
E para com o Céu também;
Sei que devia passar a minha vida, talvez,
A chorá-la,
Sem merecer jamais o perdão.

Em vão correrão minhas lágrimas:
O arrependimento ainda será pouco
Para destruir tantas mentiras,
Pois a dor é impotente
Para consumir a palavra adeus!

Yet thou a future peace shalt win,
Because thy soul is clear;
And I who had the heart to sin
Will find a heart to bear.

Till far beyond earth's frenzied strife,
That makes destruction joy,
Thy perished faith shall spring to life,
And my remorse shall die.

E no entanto, o futuro te promete repouso,
Tua alma é realmente muito pura!
Mas eu, que tive coração para tal falta,
Também acharei força para arrastar o fardo.

Mais tarde,
E além deste mundo de furiosas disputas,
Que põe na sua destruição uma raiva juvenil,
Tua fé morta e perdida
De repente se lançará às fontes da vida[,]
E meu remorso

Morrerá.

21.

HEAVEN'S glory shone where he was laid
In life's decline!
I turned me from that young saint's bed
To gaze on thine.

It was a summer day that saw
His spirit's flight;
Thine parted in a time of awe,
A winter's night.

....

Upon her soothing breast
She lulled her little child,
A winter sunset in the west
A heavy glory smiled.
I gazed within thine earnest eyes
And read the sorrow brooding there;
I heard thy young breast torn with sighs,
And envied such despair.

....

Go to the grave in youth's bare woe!
That dream was written long ago.

21.

Sobre o leito

Sobre o leito iluminado com celestes resplendores,
Ele repousa
No declínio da vida.
Deste jovem santo abandonei a cabeceira
E meus olhos desde então
Caíram sobre os teus.

E foi um dia de verão
Que viu sua alma se evolar.
Mas tua alma esperou para tomar voo
A estação dos terrores:
Foi por uma noite de inverno.

....

Sobre a paz lenta do seu coração,
Ela embalava a pequena criança.
O sol descia para o inverno do poente,
Vagaroso e esplêndido como um sorriso.
Inclinada, penetrei o fervor do teu olhar,
E vi nele a tristeza que ardia como uma flama.
Ouvi os suspiros rasgarem-te o coração
E invejei o teu desespero.

....

Oh, ir para a tumba,
Levando a nostalgia de morrer antes do tempo!

Há muito, este sonho já estava escrito.

22.

A SUDDEN chasm of ghastly light
Yawned in the city's reeling wall,
And a long thundering through the night
Proclaimed our triumph – Tyrdarum's fall.

The shrieking wind sank mute and mild,
The smothering snow-clouds rolled away;
And cold – how cold! wan moonlight smiled
Where those black ruins smouldering lay.

'Twas over – all the battle's madness,
The bursting fires, the cannon's roar,
The yells, the groans, the frenzied gladness,
The death the danger warmed no more.

In plundered churches piled with dead
The heavy charger neighed for food,
The wounded soldier laid his head
'Neath roofless chambers splashed with blood.

22.
Como um fantasma repentino

Como um fantasma repentino,
Um pálido clarão rompeu esta brecha
E estremece na parede inquieta da cidade.
O trovão se prolonga através da noite,
Anunciando a nossa vitória e o fim de Tyndaro.

E já ao longe, os gritos do vento
Se perdem num morno silêncio.
Distante, o céu ameaçava a neve sufocante.
E pálido, sorridente, o olhar da lua
Descansou sobre a noite destas ruínas fumegantes.

Tudo estava bem acabado – a fúria das batalhas,
Os vômitos de fogo, os canhões que rugiam,
As queixas e os gritos, o alegre frenesi,
E a morte, e o perigo, e o calor dos combates.

Na igreja violada onde os mortos se amontoavam,
O cavalo relinchou de fadiga e de fome;
E o soldado ferido repousou a cabeça
No quarto destelhado onde o sangue rolava.

I could not sleep through that wild siege,
My heart had fiercely burned and bounded;
The outward tumult seemed to assuage
The inward tempest it surrounded.

....

But dreams like this I cannot bear,
And silence whets the fang of pain;
I felt the full flood of despair
Returning to my breast again.

My couch lay in a ruined Hall,
Whose windows looked on the minster-yard,
Where chill, chill whiteness covered all,
Both stone and urn and withered sward.

The shattered glass let in the air
And with it came a wandering moan,
A sound unutterably drear,
That made me shrink to be alone.

One black yew-tree grew just below –
I thought its boughs so sad might wail;
Their ghostly fingers flecked with snow,
Rattled against an old vault's rail.

E eu não pude dormir,
Tanto me possuíam os demônios da luta
E o fogo agitado e furioso do meu coração.
Fora o tumulto parecia esmorecer
A tempestade em que minha alma se fechara.

....

Mas estes sonhos, sempre, me são intoleráveis.
No silêncio se aguçam os dentes da minha dor.
E eu senti as águas plenas do desespero
Voltarem pesadamente a encher o meu peito.

Minha cama erguia-se num grande pátio em ruínas,
As janelas davam para os jardins dos mortos,
Onde a Palidez cobria com seus frêmitos iguais
A urna, a pedra e a grama pisada.

O ar entrava livre pelos vidros partidos,
E arrastava com ele uma queixa perdida,
Um eco, cujo horror me deixou sem palavra,
Transida com a minha própria solidão.

Um cipreste negro e desolado subia até à janela,
E eu acreditei que ele ia viver e suspirar através dos galhos.
Longos, seus dedos lúgubres e úmidos de neve
Batiam contra as pesadas grades de um antigo sepulcro.

I listened – no; 'twas life that still
Lingered in some deserted heart:
O God! what caused the shuddering shrill,
That anguished, agonising start?

An undefined, an awful dream,
A dream of what had been before;
A memory whose blighting beam
Was flitting o'er me evermore.

A frightful feeling frenzy born –
I hurried down the dark oak stair;
I reached the door whose hinges torn
Flung streaks of moonshine here and there.

I pondered not, I drew the bar,
An icy glory caught mine eye,
From that wide heaven where every star
Stared like a dying memory.

And there the great Cathedral rose,
Discrowned but most majestic so,
It looked down in serene repose
On its own realm of buried woe.

E eu escutava – não: isto devia ser a Vida,
Hesitando em deixar um coração abandonado...
Ó Deus! Por que este grito que gela o meu coração?
Por que este gesto de agonia que só traz angústia?

Um sonho, um sonho vago que arrasta o terror,
Um sonho, de onde voltavam coisas muito antigas,
Uma lembrança cuja luz ardente,
Como o vento dos esfacelamentos,
Batia a asa sem descanso sobre a minha cabeça.

E foi então que eu vi nascer o espanto,
Filho do meu delírio.
Desci correndo a escada de velho carvalho
E já a porta está sob meus dedos,
A porta cujos gonzos retorcidos
Se partem aqui e ali sob os golpes da lua.

Para que meditar – e suspendo a trave:
Os olhos feridos pelo esplendor do granizo,
E no espaço o céu, onde as estrelas
Imóveis acalentavam a agonia das memórias.

E ali eu vi a catedral se levantar,
Como um grande corpo,
Como um rei destronado,
Ainda majestoso,
Altivo, contemplando da sua paz soberana
O reino da Morte onde jazia a dor.

'Tis evening now, the sun decends
In golden glory down the sky;
The city's murmur softly blends
With zephyrs breathing gently by.

And yet it seems a dreary moor,
A dark, October moor to me;
And black the piles of rain-clouds lour
Athwart heaven's stormy canopy.

Agora, é a noite;
O sol desce,
Escorrendo no horizonte o fulgor dos seus ouros;
A cidade, vagarosa, abandona o murmúrio
E docemente se mistura ao sopro que a afaga.

No entanto, creio ver uma planície fúnebre
E estou na escuridão. É Outubro e tudo é plano,
Os pilares da noite ameaçam ruir,
Enchendo o negro céu e a abóbada de tormentas.

23.

A LITTLE while, a little while,
The weary task is put away,
And I can sing and I can smile,
Alike, while I have holiday.

Where wilt thou go, my harassed heart –
What thought, what scene invites thee now?
What spot, or near or far apart,
Has rest for thee, my weary brow?

There is a spot, 'mid barren hills,
Where winter howls, and driving rain;
But, if the dreary tempest chills,
There is a light that warms again.

The house is old, the trees are bare,
Moonless above bends twilight's dome;
But what on earth is half so dear –
So longed for – as the hearth of home?

23.
Oh! Por algum tempo

Oh, por algum tempo enfim,
Deixo de lado a tarefa fatigante!
Posso cantar, sorrir,
Posso escolher, posso sorrir,
Tanto tempo quanto durar a pausa.

Onde querias errar, ó coração fatigado?
Que espírito, que cenários convidam-te agora?
Mas onde estão as longínquas, as próximas paisagens
Em que minha fronte fatigada achará o repouso?

Perdida nas colinas áridas do deserto,
Entre o rugir dos ventos e o vergastar das chuvas,
Conheço um país.
Se a morna tempestade lavra aí seus arrepios,
Sei onde existe uma luz de brilho generoso.

Vejo a casa antiga e as árvores nuas,
A torre inclinada da noite,
O céu vazio e sem lua.
Mas não conheço nada que me seja tão caro
Ou que eu tenha desejado tanto quanto esta casa e esta lareira!

The mute bird sitting on the stone,
The dank moss dripping from the wall,
The thorn-trees gaunt, the walks o'ergrown,
I love them – how I love them all!

Still, as I mused, the naked room,
The alien firelight died away;
And from the midst of cheerless gloom,
I passed to bright, unclouded day.

A little and a lone green lane
That opened on a common wide;
A distant, dreamy, dim blue chain
Of mountains circling every side.

A heaven so clear, an earth so calm,
So sweet, so soft, so hushed an air;
And, deepening still the dream-like charm,
Wild moor-sheep feeding everywhere.

That was the scene, I knew it well;
I knew the turfy pathway's sweep,
That, winding o'er each billowy swell,
Marked out the tracks of wandering sheep.

O pássaro mudo descansa sobre a pedra,
A parede escorrendo musgos apodrecidos,
A magreza dos espinheiros, as aleias devoradas pelas ervas,
Tudo isto eu amo! Sem descanso, despertam meu coração.

Enquanto assim sonhava vi desaparecerem
O quarto nu e a chama hostil.
E deixando a alegria pouco a pouco as suas trevas
Vi o dia se abrir brilhante e sem nuvens.

Só e humilde, uma aleia verdejante
Dava de repente sobre uma vasta planície.
O sonho azul-escuro das montanhas distantes
Traçava de todos os lados o sinal das suas cadeias.

O céu era tão claro, a terra tão tranquila,
O ar era tão doce, tão leve e adormecido...
E exaltando ainda o sonho e o sortilégio,
O campo onde pastava um rebanho de carneiros.

Era bem o cenário: eu o reconhecia,
A curva larga, a erva rasa da vereda,
Que, subindo ao longo das colinas,
Denunciava a trilha vagabunda dos rebanhos.

Could I have lingered but an hour,
It well had paid a week of toil;
But Truth has banished Fancy's power;
Restraint and heavy task recoil.

Even as I stood with raptured eye,
Absorbed in bliss so deep and dear,
My hour of rest had fleeted by,
And back came labour, bondage, care.

Se eu pudesse deter-me mais tempo em tais lugares,
A áspera semana teria sido bem paga...
Mas o mundo e a vida triunfaram do sonho:
A pressão veio, e a tarefa é sufocante!

Meus olhos ainda estavam impregnados pelo encanto,
Cheios desta felicidade tão calma e tão segura...
Porém a hora e o repouso já tinham desaparecido,
E então o trabalho, as cadeias, o tormento...

24.

O HINDER me by no delay!
My horse is weary of the way,
And still his breast must stem the tide
Whose waves are foaming far and wide.
Leagues off I heard their thundering roar,
As fast they burst upon the shore;
A stronger steed than mine might dread
To brave them in their boiling bed.

Thus spoke the traveller, but in vain;
The stranger would not turn away,
Still clung she to his bridle rein
And still entreated him to stay.

Here with my knee upon the stone
I bid adieu to feelings gone;
I leave with thee my tears and pain,
And rush into the world again.

O come again! what chains withhold
The steps that used so fleet to be?
Come, leave thy dwelling dark and cold,
Once more to visit me.

24.
Oh! Não me retenhas

Oh, não me retenhas, não posso mais permanecer!
Minha montaria está cansada, e o caminho é longo:
No entanto é preciso limpar de seus flancos
A maré cujas ondas espumam na extensão.
Eu ainda estava longe e já ouvia o seu trovão,
E a vaga comprimida desbordar sobre a praia.
Um corcel mais poderoso tremeria de medo
E não ousaria afrontar seu tumulto profundo.

Assim o viajante lhe suplicava em vão,
E ela se recusara a partir, a Estrangeira.
Ela tomou a brida e não mais a abandonou,
Procurando aquietá-lo e implorando-lhe ficar.

Lanço-me de joelhos nesta fria pedra,
E convido ao adeus os sentimentos passados;
Deixo contigo minhas lágrimas e minhas penas,
Para voltar apressadamente às coisas deste mundo.

Oh, vem! Regressa!
Que cadeias detiveram de súbito estes passos,
Tão rápidos outrora?
Deixa o inverno, a noite de tua mansão,
E vem, oh, vem visitar-me ainda!

Was it with the fields of green,
Blowing flower and budding tree,
With the summer heaven serene,
That thou didst visit me?

No; 'twas not the flowery plain:
No; 'twas not the fragrant air:
Summer skies will come again,
But thou wilt not be there.

....

How loud the storm sounds round the hall!
From arch to arch, from door to door,
Pillar and roof and granite wall
Rock like a cradle in its roar.

The elm-tree by the haunted well
Greets no returning summer skies;
Down with a rush the giant fell
And stretched across the path it lies.

Hardly had passed the funeral train,
So long delayed by wind and snow;
And how they'll reach the house again
To-morrow's sun perhaps will show.

....

Era com os campos e a erva verdejante.
Quando a árvore em botão se aproximava da flor desabrochada,
Na beleza do céu mais calmo que a noite,
Vieste, um verão, pela primeira vez.

Não eram as flores o ornamento das planícies,
Não era o vento a frescura dos perfumes;
Mas um dia os céus de verão hão de voltar
E não mais assombrarás estes lugares com a tua imagem.

....

Rugindo a tempestade volteia em torno ao grande pátio,
Girando de cúpula em cúpula e batendo em cada porta.
E os pilares, o teto, as paredes de granito
Estremecem como um berço aos seus rugidos.

O pinheiro que se ergue junto ao poço enfeitiçado
Não pode mais saudar a vinda do verão:
Foi bastante a rajada para partir o gigante,
Que jaz atravessado no caminho.

Mal acabou de passar o fúnebre cortejo
Durante tanto tempo retido pelo vento e pela neve.
Mas como agora poderão voltar ao lar,
Talvez o sol nos revele amanhã.

....

What use is it to slumber here,
Though the heart be sad and weary?
What use is it to slumber here,
Though the day rise dark and dreary?

For that mist may break when the sun is high,
And this soul forget its sorrow,
And the rosy ray of the closing day
May promise a brighter morrow.

....

O evening, why is thy light so sad?
Why is the sun's last ray so cold?
Hush! our smile is as ever glad,
But my heart is growing old.

Por que viver aqui embaixo numa espécie de sono,
Quando o coração se torna pesado de uma triste fadiga?
Por que viver aqui embaixo numa espécie de sono,
Quando o dia parece mais morno do que a noite?

Mas talvez a bruma, no mais alto do sol,
Venha a se dissipar
E minha alma, sedenta, esqueça a sua dor.
E o último raio, as rosas do poente
Anunciarão, quem sabe, um límpido amanhecer.

....

Ó noite!
Por que deves trazer o luto de tua luz?
Por que será que o sol
Lança um último raio mais frio que um inverno?

Silêncio!...

A mesma alegria continua a velar em nosso riso,
Mas já a idade, ai de nós! tomou lugar em meu coração.

25.

O DREAM, where art thou now?
Long years have passed away
Since cast from off thine angel brow
I saw the light decay.

Alas! alas for me!
Thou wert so bright and fair,
I could not think thy memory
Would yield me nought but care!

The moonbeam and the storm,
The summer eve divine,
The silent night of solemn calm,
The full moon's cloudless shine,

Were once entwined with thee,
But now with weary pain.
Lost vision! 'tis enough for me
Thou canst not shine again.

25.
Onde estás agora

Ó sonho, onde estás agora?
Os longos anos já passaram,
Depois que sobre tua fronte
Eu vi a luz morrer,
E devagar tornar-se em podridão.

Ai de nós! Ai de nós! Ó desgraçada,
Eras loura e bela
E faiscante!
Eu não podia imaginar
Que o único fruto de tua imagem
Seria o desespero.

O raio de luar, a tempestade,
E as noturnais, deusas do verão,
A noite silenciosa,
Na calma solene,
A lua ronda, o céu puro,

Outrora,
Eram a trama de teu ser,
Mas já não são mais do que um manto exausto
De dores e de penas.
Ó tu que desamparaste o meu olhar,
Já é sofrer bastante
Ter visto para sempre se extinguir a tua luz!

26.

THE evening sun was sinking down
On low green hills and clustered trees;
It was a scene as fair and lone
As ever felt the soothing breeze

That cools the grass when day is gone,
And gives the waves a brighter blue,
And marks the soft white clouds sail on
Like spirits of ethereal dew;

Which all the morn had hovered o'er
The azure flowers where they were nursed,
And now return to Heaven once more,
Where their bright glories shone at first.

26.

O SOL ACABAVA DE DESCER

O sol acabava de descer para a noite,
Sobre as mansas colinas
Onde a erva se mistura ao pesado maciço das árvores.
E a terra era bela,
Mais bela e solitária
Como jamais a brisa a tinha visto,

A brisa terna,
Que torna a erva mais fresca ao cair do dia,
Que dá às vagas azuis mais vida e brilho,
E entreabre de repente as frágeis nuvens brancas,
Que parecem ser ao longe
Os fantasmas dos orvalhos celestes
Fugindo.
E tinham volteado durante a manhã inteira
Sobre as flores do azul, celeste alimento.

Agora se vão para os céus dos regressos,
Que primeiro conheceram seu glorioso esplendor.

27.

WHERE were ye all? and where wert thou?
I saw an eye that shone like thine,
But dark curls waved around his brow,
And his star-glance was strange to mine.

And yet a dreamlike comfort came
Into my heart and anxious eye,
And trembling yet to hear his name,
I bent to listen watchfully.

This voice, though never heard before,
Still spoke to me of years gone by;
It seemed a vision to restore,
That brought the hot tears to my eye.

....

27.
Onde pois estavas tu

Onde pois estavas tu? Em vão te procurei.
Um olhar brilhou, acreditei reconhecê-lo,
Mas em torno desta fronte brincavam cachos negros;
O olhar cintilava como se fosse estranho astro
À minha alma extasiada.

E eu sentia meu coração, angústia de meus olhos,
Abandonar-se de repente à doçura de um sonho.
Tremia à ideia de saber seu nome,
E no entanto eu me inclinava e esperava sua voz,
Esta voz que eu jamais tinha ouvido,
Que me falava docemente dos antigos anos,
E parecia despertar uma imagem longínqua.
Lágrimas subiam, e queimavam os meus olhos.

....

I paused on the threshold, I turned to the sky;
I looked to the heaven and the dark mountains round;
The full moon sailed bright through that ocean on high,
And the wind murmured past with a wild eerie sound.
And I entered the walls of my dark prison-house;
Mysterious it rose from the billowy moor.

....

O come with me, thus ran the song,
The moon is bright in Autumn's sky,
And thou hast toiled and laboured long,
With aching head and weary eye.

Permaneci no limiar, imóvel, um instante.
Olhei a amplidão;
E vi os céus, o círculo das montanhas
Negras.
A lua em meio à sua viagem era um claro navio
Vogando de alto bordo no oceano do espaço.
O vento passava como um murmúrio,
Estranhamente povoado de ecos e fantasmas.

E foi então que franqueei os muros
Da sombria prisão que me serve de lar,
E que eleva seu mistério sobre a planície vazia.

....

Oh! vem, segue-me, dizia a canção de passagem:
A lua esplende, bela, nos outonos do céu;
É tempo de vir.
Há muito esgotados por um trabalho inglório,
Os olhos e a cabeça pedem repouso.

Vem!

28.

I'M standing in the forest now,
The place, the hour the same;
And here the green leaves shed a glow,
And there, down in that lake below,
The tiny ripples flame.

The breeze sings like a summer breeze
Should sing in summer skies,
And heavenlike wide and tentlike trees
In mingled glory rise.

The murmur of their boughs and leaves
Speaks pride as well as bliss,
And that blue heaven expanding seems
The circling hills to kiss.

But where is he to-day, to-day?
No whisper, not to me;
I will not question, only say
Where may thy lover be?

28.

Estou de pé na floresta

E agora, estou de pé na floresta,
No mesmo lugar, à mesma hora.
Aqui as árvores verdes brilham sob a luz
E mais abaixo vejo um lago, onde se agita sem descanso
A minúcia das rugas flamejantes.

A brisa canta bem a sua música de verão,
Tal como deve ser cantada nos verões do céu,
Na tenda dos ramos,
No paraíso das árvores,
E eleva ao céu o entrelaçado da sua glória.

O murmúrio das folhas se une ao dos galhos,
Para celebrar o orgulho e as beatitudes.
O azul se abre sem limites
Sobre os montes em torno como o repousar de um beijo.

Mas ele,
Onde pode estar neste dia, a esta hora?
– Tu não saberias ocultar estas vozes secretas.
Não insistirei, porém dize-me somente
Onde pode estar o teu amante.

Is he upon some distant shore,
Or is he on the sea?
Or is the heart thou dost adore
A faithless heart to thee?

The heart I love and you deride
Is changeless as the grave,
And neither foreign lands divide,
Nor yet the ocean's wave.

Then why should trouble cloud that brow
And tears those eyes bedim?
Reply this once – is it that thou
Hast faithless been to him?

I dreamt one dark and stormy night
When winter winds were wild...

....

Ter-se-á perdido em longínqua praia?
Ou voga sobre o oceano?
Ou então este coração, que tu adoras,
Talvez não saiba guardar a fé jurada?

– Não, este coração, meu amor e motivo de teus risos,
É mais fiel do que a tumba.
Nem a terra estrangeira,
Nem as vagas do oceano
Não me puderam roubá-lo ainda.

– Por que então esta fronte sob nuvens escuras,
E estes olhos onde as lágrimas fazem descer a noite?
Mas responde desta vez: talvez...
Serás tu a infiel?

– Uma noite, sonhei:
A tempestade era negra,
Como uma horda corriam os ventos de inverno.
Eu sonhei...

....

29.
LAST WORDS

I KNEW not 'twas so dire a crime
To say the word, 'Adieu';
But this shall be the only time
My lips or heart shall sue.

The wild hillside, the winter morn,
The gnarled and ancient tree,
If in your breast they waken scorn,
Shall wake the same in me.

I can forget black eyes and brows,
And lips of falsest charm,
If you forget the sacred vows
Those faithless lips could form.

If hard commands can tame your love,
Or strongest walls can hold,
I would not wish to grieve above
A thing so false and cold.

29.
Últimas palavras

Eu não podia saber como é duro e cruel
Pronunciar a palavra Adeus;
Hoje no entanto volto como suplicante,
Para juntar às orações do coração a voz dos lábios.

A colina deserta e o inverno matinal,
Bem como a árvore de séculos nodosos,
Podem despertar o desprezo da tua alma:
Acharei para eles um desdém semelhante.

Tenho o direito de esquecer teus olhos negros,
Suas sombras,
E o encanto fascinante de teus lábios pérfidos.
Não renegaste as promessas sagradas
Que outrora formularam os teus lábios sem fé?

Se basta ordenar para forçar o teu amor,
Se ele se deixar deter pela razão das paredes,
Não saberei obrigar uma alma a se afligir
Com semelhantes traições e friezas desta espécie.

And there are bosoms bound to mine
With links both tried and strong;
And there are eyes whose lightning shine
Has warmed and blest me long:

Those eyes shall make my only day,
Shall set my spirit free,
And chase the foolish thoughts away
That mourn your memory.

Pois sei que existe mais de um coração
Que, ligando-se ao meu,
Por uma longa prova assegurou este laço.
E sei de um olhar cujo brilho passageiro
Durante muito tempo dividiu comigo o seu calor bendito.

Estes olhos serão para mim o Tempo e a Luz.
Minha alma com seu auxílio enfim se evadirá.
Eles expulsarão de mim os sonhos insensatos,
E as sombrias litanias onde a memória se aconchega.

30.

SLEEP brings no joy to me,
Remembrance never dies,
My soul is given to mystery,
And lives in sighs.

Sleep brings no rest to me;
The shadows of the dead,
My wakening eyes may never see,
Surround my bed.

Sleep brings no hope to me,
In soundest sleep they come,
And with their doleful imag'ry
Deepen the gloom.

Sleep brings no strength to me,
No power renewed to brave;
I only sail a wilder sea,
A darker wave.

Sleep brings no friend to me
To soothe and aid to bear;
They all gaze on how scornfully,
And I despair.

Sleep brings no wish to fret
My harassed heart beneath;
My only wish is to forget
In endless sleep of death.

30.

Dormindo

Nunca encontrei a felicidade dormindo;
A memória se recusa sempre a morrer,
E votei minha alma ao secreto mistério,
Para viver e suspirar de esperança e nostalgia.

Nunca encontrei o repouso dormindo;
Pois as sombras dos mortos,
Que meus olhos acordados nunca saberiam distinguir,
Assaltam minha cabeceira.

Nunca encontrei a esperança dormindo:
No mais intenso da minha noite, eu os vejo chegar,
E estender sobre as paredes de profundas trevas
O mais espesso véu do seu triste cortejo.

Nunca encontrei a coragem dormindo,
Onde eu teria podido arrancar uma força nova;
Mas o mar em que vago é batido pelas tempestades,
E a onda é mais negra.

Nunca encontrei a amizade dormindo,
Para acalmar a dor e me ajudar a sofrer;
Os olhares da noite são pejados de desprezo
E me deixam abandonada ao meu desespero.

Nunca encontrei o desejo dormindo
Para atiçar o fogo morto do meu coração.
Meu único desejo é atingir o esquecimento
E o sono eterno em que mergulha a morte.

31.

FALL, leaves, fall; die, flowers, away;
Lengthen night and shorten day;
Every leaf speaks bliss to me,
Fluttering from the autumn tree.
I shall smile when wreaths of snow
Blossom where the rose should grow;
I shall sing when night's decay
Ushers in a drearier day.

31.

Oh! A queda das folhas

Oh, a queda das folhas,
A morte lenta das flores,
A sombra sem fim das noites
E o dia esfacelado!

E no entanto cada folha
Fala-me da felicidade,
E voa alegremente
Da velha árvore de outono.

E me verão sorrir
Às coroas de neve,
Às brancas florações
Que devastam as rosas.

E me ouvirão cantar,
Quando a noite desfalecente
Anunciar tristemente
O dia escuro e deserto.

32.
Plead for me

Oh, thy bright eyes must answer now,
When Reason, with a scornful brow,
Is mocking at my overthrow!
Oh, thy sweet tongue must plead for me
And tell why I have chosen thee!

Stern Reason is to judgement come,
Arrayed in all her forms of gloom:
Wilt thou, my advocate, be dumb?
No, radiant angel, speak and say,
Why I did cast the world away.

Why I have persevered to shun
The common paths that others run;
And on a strange road journeyed on,
Heedless, alike of wealth and power –
Of glory's wreath and pleasure's flower.

These, once, indeed, seemed Beings Divine;
And they, perchance, heard vows of mine,
And saw my offerings on their shrine;
But careless gifts are seldom prized,
And *mine* were worthily despised.

32.
Suplica em meu favor

É preciso agora que teus olhos claros se pronunciem;
Já a Razão com sua fronte desdenhosa
Ri-se da minha derrota e zomba da minha desgraça.
Oh! usa uma doce linguagem e pede em meu favor,
Proclama o segredo que te fez o meu eleito!

A Razão gravemente se apresta a me julgar,
No triste aparato de suas formas severas:
E tu, meu defensor, permanecerás mudo?
Belo anjo radioso, faze conhecer a meus juízes
Por que tornei a lançar o mundo longe de mim,

Por que me recusei a seguir os caminhos
E as vulgares veredas onde se comprime a multidão,
E caminhei longamente pela estrada estrangeira,
Sem me incomodar com a riqueza ou o poderio,
Com a coroa da glória ou os prazeres florescidos.

Por seres divinos eu os tomei outrora,
E pude votar-lhes os acasos da minha alma,
E trazer aos seus altares inesperadas oferendas.
Mas se reconhece mal uma oferta distraída:
Meus presentes não atraíam senão justo desprezo.

So, with a ready heart, I swore
To seek their altar-stone no more;
And gave my spirit to adore
Thee, ever-present, phantom thing –
My slave, my comrade, and my king.

A slave, because I rule thee still;
Incline thee to my changeful will,
And make thy influence good or ill:
A comrade, for by day and night
Thou art my intimate delight, –

My darling pain that wounds and sears,
And wrings a blessing out from tears
By deadening me to earthly cares;
And yet, a king, though Prudence well
Have taught thy subject to rebel.

And am I wrong to worship where
Faith cannot doubt, nor hope despair,
Since my own soul can grant my prayer?
Speak, God of visions, plead for me,
And tell why I have chosen thee!

Então, com ardente coração, fiz voto para sempre
De esquecer desde aí o caminho dos altares.
A te adorar votei enfim o meu espírito,
Ó tu, o universal, e no entanto o Fantasma –
O escravo, ou então o amigo, o rei da minha alma!

Escravo, pois sempre serei o teu senhor,
E sei vergar-te aos caprichos do ser
E de anjo benfeitor mudar-te em demônio.
Amigo, pois fiel às minhas noites e aos meus dias,
És o companheiro dos secretos encantos

E a chaga bem-amada que dilacera e queima,
Que arranca um pouco de felicidade à passagem das lágrimas,
Tornando-me mais forte às desgraças deste mundo.
A prudência queria que o teu humilde servo
Recusasse a obedecer – e no entanto és rei.

E acaso podem reprovar que se sirva a uma fé,
Se a dúvida é morta e a esperança é triunfante,
Se acho no coração a resposta aos meus votos?
Oh! pede em meu favor e fala, Deus dos Sonhos,
Proclama o segredo que te fez o meu eleito!

33.

The following are the last lines
my sister Emily ever wrote.

CHARLOTTE BRONTË

NO coward soul is mine,
No trembler in the world's storm-troubled sphere:
I see Heaven's glories shine,
And faith shines equal, arming me from fear.

O God within my breast,
Almighty, ever-present Deity!
Life – that in me has rest,
As I – undying Life – have power in Thee!

Vain are the thousand creeds
That move men's hearts: unutterably vain;
Worthless as withered weeds,
Or idle froth amid the boundless main,

33.

Minha alma não teme coisa alguma

Estes versos foram os últimos
que minha irmã Emily escreveu.

Charlotte Brontë

Minha alma já não teme coisa alguma,
E a escura tempestade em que sem descanso o mundo
Gira,
Não mais a abalará:
Já vejo a glória dos Céus extasiantes,
E a fé que resplandece no fogo de sua armadura
Aniquila o medo no meu ser.

Ó Deus que eu trago dentro em mim,
Deus todo-poderoso, Presença universal!
És a Vida – em meu seio Tu repousas,
E minha eternidade encontra em Ti o seu poder!

Vejo a vaidade nas suas múltiplas nuances,
Onde o homem alimenta a força do seu coração:
E vejo esta vaidade e a sua impotência
Fanadas e mortas como a erva dos campos,
Como a espuma louca das vagas no oceano,

To waken doubt in one
Holding so fast by Thine infinity;
So surely anchored on
The stedfast rock of immortality.

With wide-embracing love
Thy spirit animates eternal years,
Pervades and broods above,
Changes, sustains, dissolves, creates, and rears.

Though earth and man were gone,
And suns and universes ceased to be,
And Thou were left alone,
Every existence would exist in Thee.

There is not room for Death,
Nor atom that his might could render void:
Thou – THOU art Being and Breath,
And what THOU art may never be destroyed.

Tentando inutilmente reanimar a dúvida,
Quando a alma já está sã e salva,
Aprisionada para sempre a Teu Ser infinito,
Através de uma certeira âncora
Lançada ao rochedo imutável da vida eterna!

Teu sopro, com amor, abraça os espaços
E penetra com sua vida os séculos eternos,
Espalha-se como um rio e cobre o nosso mundo,
Mudando ou preservando as coisas,
Dispersando-as, criando-as, trazendo-as à vida.

E se viesse o fim deste mundo e o fim dos homens,
O fim dos universos, a ruína dos sóis,
Se apenas Tu ficasses,
Serias ao mesmo tempo todas as existências.

A Morte se esforça em vão para achar um espaço,
Mas seu poder não pode aniquilar um átomo sequer.
Tu és o Ser e o Sopro,
Nada poderia abolir as Tuas formas.

Sobre a autora e o tradutor

Emily Jane **Brontë** nasceu em Thornton, Inglaterra, em 1818. Era a quinta filha de uma família de seis filhos que se mudou, em 1820, para Haworth, cidade a oeste de Yorkshire, na Inglaterra, onde Emily, uma jovem tímida e introspectiva, passava seu tempo tentando driblar a dura realidade da vida precária e monótona do campo. Com suas irmãs, Charlotte e Anne, publicou, em 1846, uma coletânea de poemas assinada com os pseudônimos Ellis, Currer e Acton Bell, respectivamente. Mas seu grande sucesso literário se deu com o romance *O morro dos ventos uivantes*, publicado em 1847. Inicialmente a obra foi mal compreendida pelos ingleses, mas com o tempo foi alçada a clássico da literatura mundial, recebendo várias adaptações e transposições para o cinema. Emily Brontë morreu jovem, aos 30 anos, em Haworth, em 1848, vítima da tuberculose.

Joaquim **Lúcio Cardoso** Filho nasceu em Curvelo, Minas Gerais, em 14 de agosto de 1912. Passou sua primeira infância em Belo Horizonte, onde fez o curso primário no Grupo Escolar Barão do Rio Branco. Em 1923 mudou-se para o Rio de Janeiro, e apesar de um rápido retorno a Belo Horizonte no ano seguinte, tempo em que estudou no Colégio Arnaldo, voltou a se estabelecer no Rio em 1929, onde publicou, em 1934, seu romance de estreia, *Maleita*. Depois disso, escreveu outros romances, peças de teatro, contos e fez traduções, atingindo o auge de sua carreira com *Crônica da casa assassinada*, romance publicado em 1959, que se tornou um clássico da literatura brasileira. Em 1962, um derrame cerebral o fez perder os movimentos do lado direito do corpo e a fala, levando-o a interromper sua produção literária. Passou, desde então e até o fim da vida, a se dedicar à pintura. No ano de 1966 recebeu o Prêmio Machado de Assis da Academia Brasileira de Letras pelo conjunto da obra. Faleceu, no Rio de Janeiro, em 24 de setembro de 1968.

O texto deste livro foi composto em Classical Garamond BT, corpo 11/16.

A impressão se deu sobre papel off-white pelo Sistema Cameron da Divisão Gráfica da Distribuidora Record.